LES CRISES D'ANGOISSE ET DE PANIQUE C'EST FINI !

Christophe
Tissier

jouvence
EDITIONS

Dans la collection « C'est parti ! C'est fini ! »
aux Éditions Jouvence :

Réduire les ondes électromagnétiques, c'est parti !, Carl de Miranda
Le réflexe médicament, c'est fini !, Isabelle Doumenc
Je détoxique mon foie, c'est parti !, Christopher Vasey

Catalogue gratuit sur simple demande.

ÉDITIONS JOUVENCE

France : BP 90107 – 74161 Saint-Julien-en-Genevois Cedex
Suisse : CP 227 – 1225 Chêne-Bourg (Genève)
Site internet : www.editions-jouvence.com
E-mail : info@editions-jouvence.com

ISBN 978-2-88911-706-2

Suivi éditorial : Christine Cameau
Correction : Florence Le Grand
Composition : Virginie Cauchy
Couverture : Atelier Didier Thimonier

L'auteur

Christophe Tissier est certifié en coaching à l'école HEC, en biorésonance, en luminothérapie, en reiki et en Quantum Touch®, une technique de soins énergétiques née aux États-Unis. Il reçoit en consultation et enseigne depuis plusieurs années les thérapies énergétiques à son cabinet du Mans dans la Sarthe. Il accompagne ainsi les personnes en souffrance psychologique ou physique et forme ceux qui souhaitent s'aider et aider les autres vers le mieux-être à de nombreuses méthodes énergétiques dont le reiki.

AVERTISSEMENT

Ce livre répond à cette question : comment faire disparaître rapidement ses crises d'angoisse et de panique ? Tous ceux qui en ont souffert, **comme l'auteur il y a une vingtaine d'années**, ou qui en souffrent aujourd'hui, savent combien cette ennemie invisible est difficile à combattre et à comprendre, y compris par l'entourage. Aussi soudaines qu'imprévisibles, les crises sont effrayantes : peur de s'évanouir ou de mourir, jambes qui flageolent, vertiges, bouffées de chaleur, accélération du rythme cardiaque…

Vous trouverez ici un plan clair en 6 étapes, simple et précis, composé de conseils et d'exercices faciles à mettre en place pour vous permettre de retrouver rapidement votre vie d'avant.

Ce livre s'adresse à tous ceux qui souffrent de crises d'angoisse, quel que soit le stade, depuis un jour ou des années. Ainsi qu'à ceux qui souhaitent mieux les comprendre et accompagner vers la victoire leurs proches.

Je m'appelle...

....

et je m'engage à...

....

....

....

À partir de maintenant ma vie change positivement.
Je la prends en main.
Je me bats.
Je vaincs mes crises d'angoisse et de panique.

Sommaire

À Marie et à Morgane

Introduction

« La victoire sur soi est la plus grande des victoires. »

Platon

Vous roulez sur l'autoroute, seul ou accompagné. Il fait beau. La circulation est fluide. Votre musique préférée passe à la radio. Tout va bien. Soudain, sans raison apparente, vous sentez un grand vide vous envahir. Tandis que votre vue se brouille, votre tête tourne. Votre rythme cardiaque s'accélère, votre respiration devient saccadée. Vous transpirez et n'avez qu'une hâte : stopper la voiture ! La première pensée qui vous vient à l'esprit est que vous allez mourir ou que vous allez vous évanouir au volant et provoquer un accident. Votre seul objectif est de ne surtout pas percuter un autre véhicule et tuer des gens, avec une pensée particulière pour les passagers à vos côtés. Vous cherchez par tous les moyens à vous arrêter : au pire des cas sur la bande d'arrêt d'urgence, au mieux, sur une aire de repos.

Vous êtes en pleine crise d'angoisse.

Enfin vous stoppez la voiture. Incroyable mais vous êtes en vie et vous ne vous êtes pas évanoui. Une fois sorti du véhicule vous commencez à mieux vous sentir.
Pourtant votre cauchemar continue. Catastrophe ! Si vous êtes seul, vous réalisez que vous devrez reprendre le volant et vous débrouiller. Vous transpirez… Le cercle vicieux recommence. Vos symptômes créés par votre esprit (j'y reviendrai) vous rendent plus anxieux encore.
Vous appelez alors un ami, un membre de votre famille, les pompiers ou le samu. Votre but est de trouver quelqu'un qui puisse vous ramener chez vous et que vous ayez la possibilité

au plus vite de consulter un médecin. Une chose est sûre : jamais plus vous n'emprunterez cette route et par voie de conséquence les autoroutes.

L'engrenage infernal a commencé.

En quelques secondes, vous êtes passé d'un état de sérénité totale à un état de stress qui dépasse l'entendement.
Si vous êtes accompagné, les personnes à vos côtés se demandent si vous n'avez pas perdu la tête ou angoissent à leur tour. Comment leur faire comprendre que vous souffrez d'un mal qui ne se voit pas ? À l'instant présent, c'est impossible, à moins qu'ils aient déjà vécu une ou plusieurs crises d'angoisse.

D'après l'Association américaine d'anxiété et de dépression (*Anxiety and Depression Association of America*), 18 % de la population américaine, soit 40 millions d'individus, souffrent de troubles liés aux angoisses ! 6 millions ont des crises de panique. 1 enfant sur 8 subit des désordres liés aux angoisses.

Comme vous le constatez, vous n'êtes pas seul. Des millions de personnes à travers le monde éprouvent les mêmes émotions perturbantes que vous, en ce moment même. C'est donc un problème majeur de santé publique auquel vous êtes confronté. Mais, malgré votre pathologie qu'on pourrait presque qualifier de « courante », les moyens pour y remédier sont souvent méconnus, en tout cas si on souhaite compléter son traitement médical classique par des remèdes beaucoup plus doux.

À partir de maintenant, vous vous lancez un grand défi, celui qui va changer votre vie et vous faire retrouver le goût de la liberté.

Vous trouverez dans les pages qui suivent un plan précis où rien n'est laissé au hasard. Chaque conseil et chaque exercice ont leur utilité, celle de vous rendre libre de toute crise d'angoisse et de panique.

Pour que cela fonctionne, je le rappelle, un seul mot d'ordre : soyez combatif !

Comment utiliser ce livre ?

Si vous êtes en crise vous aurez envie de le lire très vite. Aucun souci. Un conseil si c'est le cas, relisez-le une deuxième fois lentement et appliquez chaque exercice consciencieusement. Faites de ce livre votre livre personnel. Prenez des notes, écrivez dessus, surlignez des passages, écornez-le, personnalisez-le. Appropriez-vous ce livre comme un carnet de notes.
Il est davantage qu'une simple suite de pages. Cet ouvrage est votre porte d'entrée au mieux-être, à la joie de vivre retrouvée et au bonheur. Beau programme, n'est-ce pas ?

Très important : vous avez, à ce stade, passé un contrat avec vous-même, pour vous battre et vaincre vos crises d'angoisse en remplissant et en signant la page précédente. Si vous ne l'avez pas encore fait, remplissez-la immédiatement sans oublier de la signer s'il vous plaît.

Gardez votre stylo sous le coude. Je vous demanderai au cours de votre lecture de noter vos impressions.
Si vous achetez ce livre pour aider et mieux comprendre un proche, lisez-le et offrez-lui un exemplaire afin qu'il puisse s'approprier au mieux la méthode.
Enfin, si vous vous êtes offert cet ouvrage, par curiosité ou pour prévenir l'arrivée d'une crise d'angoisse, picorez au gré des pages, ouvrez-le au hasard, lisez-le selon vos envies.

Faites une pause. Vous trouverez à certains moments des zones d'écriture intitulées «Je fais une pause». Prenez le temps d'écrire ce qui vous est demandé et de réfléchir à votre situation. Ces instants de prise de conscience permettent d'avancer efficacement. S'il vous plaît, ne les zappez pas !

Quelle que soit votre motivation, je vous souhaite que ce livre devienne l'étincelle d'une nouvelle vie de liberté et un précieux compagnon de route vers votre renaissance.

1

COMPRENDRE SES ANGOISSES

CHAP. 1

VOUS N'ÊTES PAS SEUL !

« Le vrai bonheur est dans le calme de l'esprit et du cœur. »
Charles Nodier

« La croyance que rien ne change provient soit d'une mauvaise vue, soit d'une mauvaise foi. La première se corrige, la seconde se combat. »
Friedrich Nietzsche

L'homme s'avance vers son pupitre où il va prononcer un discours d'une importance capitale. Il se redresse, respire calmement. Sa famille et ses amis ont répondu présent. Sa femme l'encourage. Tandis que le décompte s'amorce de cinq à un, le micro s'ouvre. Les premières phrases sont hésitantes. Vont s'ensuivre six minutes qui peuvent sembler infimes pour le commun des mortels mais pas pour George VI, roi d'Angleterre, qui souffre de bégaiements. Et qui, à l'occasion de ce discours, demandait au peuple britannique de supporter l'effort de guerre contre l'Allemagne. Un film magistral a été tiré de cette formidable histoire. C'est une belle leçon pour tous ceux qui souffrent d'angoisses.
George VI n'avait pas vraiment le choix n'est-ce pas ? Est-ce à dire que, lorsque nous sommes obligés de nous soumettre à un événement très angoissant, l'esprit trouve les ressources pour nous aider à dépasser notre état d'anxiété ? Réponse un peu plus tard dans ce livre.

Quelle angoisse

Les crises surviennent dans des états qui diffèrent beaucoup d'une personne à l'autre. Que la situation soit naturellement stressante comme lors d'une réunion importante ou d'un événement dramatique (décès, séparation...) et qu'elle se répète, ou qu'elle soit anormalement anxiogène (mon parachute ne s'ouvre pas...), n'importe qui peut être sujet à des attaques.

La bonne nouvelle, c'est que ce n'est pas irrémédiable. Vous allez vous en sortir !

Contrairement au titre de ce chapitre, dans tous les cas, vous vous sentez bien seul. Patience, patience… Voici un autre exemple qui va certainement vous parler.
En promenade, sur une place du centre-ville, debout au soleil, vous passez du bon temps avec vos amis. Jusque-là, tout va bien. Vous êtes habitué à ce genre de réunion. Vous connaissez bien les personnes avec qui vous parlez. Les lieux vous sont familiers. Ce sont de ces moments que vous appréciez le plus.
Tout va donc pour le mieux dans le meilleur des mondes, jusqu'à ce que…
Brusquement, vous vous sentez devenir faible, comme si vous étiez saoul, que vous titubiez et que vous alliez tomber. Pendant quelques secondes, vous essayez de rattraper le coup sans que personne ne s'aperçoive de votre mal-être. Vous faites bonne figure en souriant et pourtant, vous n'êtes vraiment pas bien. Vos genoux vont-ils vous lâcher ? Allez-vous tomber raide par terre sur cette place que vous connaissez depuis des années, devant vos amis et tous ces passants ? Vous vous asseyez sur le premier banc libre en prétextant l'envie d'être plus à l'aise pour discuter. Personne n'est dupe. La couleur et l'humeur qui se dégagent de votre visage ont changé. Blanc de peur ou rouge, échauffé par l'émotion, votre corps réagit avec violence à votre première crise d'angoisse. Vos amis s'inquiètent. Vous dédramatisez. Vous les rassurez. Vous avez eu un coup de pompe pour convaincre vos amis de cette envie soudaine et inhabituelle de vous asseoir. Ils font de même à côté de vous. Pendant que vous discutez comme si de rien n'était, pour vous rassurer, vous ne pouvez pas vous empêcher de

vous demander ce qu'il s'est passé. Une baisse de tension ? Du sommeil à récupérer ? Un malaise cardiaque ? La liste des raisons est infinie ce qui ne fait que renforcer votre mal-être. Vous prenez de grandes respirations. Vous fumez une cigarette, avalez un aliment sucré ou mâchez un chewing-gum.

Une fois vos esprits retrouvés, vous vous levez pour donner le signal à vos amis qui n'ont rien remarqué. Le regard dirigé vers le sol, la tête encore chancelante, vous savez qu'il s'est produit en vous un événement anormal. Mais il n'y a rien de pire que de se faire des films et de ne rien savoir. Vous n'avez qu'une envie, rentrer chez vous et consulter un médecin au plus vite. En attendant, vous vous promettez de ne plus jamais mettre les pieds sur cette maudite place qui vous a fait si peur.

Et par voie de conséquence, vous éviterez soigneusement de traverser toutes les places qui dorénavant croiseront votre chemin…

Il faut à présent se relever et marcher jusqu'à votre voiture, ou le moyen de transport le plus proche. Dans le pire des cas, vous en êtes incapable et demandez ouvertement de l'aide à vos amis pour qu'ils vous raccompagnent chez vous ou aux urgences de l'hôpital. À moins que vous n'appeliez les pompiers.

Quelle panique

Voyons ensemble un dernier cas pour illustrer ce chapitre.

Mme Martin vient d'être promue responsable de rayon dans une grande enseigne d'hypermarché et doit présenter à sa nouvelle équipe, dans deux semaines, les projets de l'entreprise et les objectifs de chiffre d'affaires de son département. Elle sait aussi qu'elle devra recevoir chacun des membres de son équipe afin de les évaluer et en référer au directeur du magasin et au directeur régional. Autant vous dire que Mme Martin stresse, ce qu'on peut facilement comprendre. Ce qui est moins normal c'est qu'elle va se créer des scénarios tous plus négatifs les uns que les autres. On imagine sans peine son cerveau lui dire à longueur de temps : «je vais être nulle», «jamais je n'y arriverai», «que va penser l'équipe ?», etc. La pression économique d'aujourd'hui et les risques de chômage ne font rien pour arranger son état. Elle s'imagine soit être rétrogradée et faire partie de l'équipe qu'elle était censée diriger, être la risée de tout le magasin, ou pire, être licenciée. Son état naturel de stress va se dégrader en un état anxiogène de plus en plus élevé. Un jour, Mme Martin, sous la pression de son mental, s'effondre émotionnellement sur son lieu de travail. Prise de panique, elle sort du magasin et n'a plus envie d'y retourner.

Ces personnes viennent de vivre leur première **crise d'angoisse, suivie d'un état de panique.**
J'ai vécu les deux premières situations il y a un peu plus de vingt ans.

Je sais donc parfaitement ce que vous avez vécu et l'enfer que vous traversez.

Croyez-moi, si vous êtes de ceux qui ont acheté ce livre pour aider un proche, on imagine mal les terribles sensations qu'engendre une crise d'angoisse, suivie d'une panique.

Êtes-vous un angoissé qui s'ignore ?

Stress, anxiété et angoisse, quelles différences ? Afin de mieux cibler vos efforts, je vais dans un premier temps vous expliquer la différence entre ces trois termes.

Commençons par définir ces trois mots, les plus importants qui vous concernent directement. Le dictionnaire Larousse va nous y aider.

Stress

« État réactionnel de l'organisme soumis à une agression brusque. »
Sur cette définition, j'émettrais une petite réserve. En effet, faut-il être réellement soumis à une « agression brusque » pour être stressé ? Considérons un étudiant la veille d'un examen. On ne peut pas dire qu'il s'agit d'un événement brusque. À moins qu'il ait hiberné de septembre à juin, en toute logique, cela doit faire des mois qu'il est au courant de ses dates d'examens. Et pourtant, rien de très exceptionnel à ce qu'il soit stressé. De plus, dans ce même exemple, peut-on parler d'agression ? Cette vision très pessimiste du stress est à nuancer.
Wikipédia nous dit ceci : « Le stress est en biologie l'ensemble des réponses d'un organisme soumis à des pressions ou contraintes de la part de son environnement. Ces réponses dépendent toujours de la perception qu'a l'individu des pressions qu'il ressent. »

Bien vu ! On parle de contraintes mais aussi de perception. Dans notre exemple précédent, l'étudiant est bien contraint de se présenter à son examen.
Par ailleurs, certains étudiants n'auront aucune pression, qu'ils aient étudié ou non, tandis que d'autres, excellents élèves, seront très stressés.

Anxiété

« Inquiétude pénible, tension nerveuse, causée par l'incertitude, l'attente ; angoisse. »
« Trouble émotionnel se traduisant par un sentiment indéfinissable d'insécurité. »

Angoisse

« Grande inquiétude, anxiété profonde née du sentiment d'une menace imminente mais vague. »
« Sentiment pénible d'alerte psychique et de mobilisation somatique devant une menace ou un danger indéterminé et se manifestant par des symptômes neurovégétatifs caractéristiques (spasmes, sudation, dyspnée, accélération du rythme cardiaque, vertiges, etc.). »
Oh là là ! À ce dernier stade, les choses se corsent n'est-ce pas ? Nous avons démarré doucement avec le stress, une réponse de notre corps, puis notre état émotionnel a gravi quelques échelons avec l'anxiété qui prend maintenant une tournure bien plus inquiétante et radicale sur notre santé physique et mentale avec l'angoisse qui s'est installée.
Parmi les symptômes décrits, je suis certain qu'ils vous rappellent votre propre état en cas de crise d'angoisse.

Faisons le point

À quel stade en êtes-vous ?

Les symptômes de l'angoisse mentionnés dans la définition ci-dessus sont proches de ceux de la crise du même nom. Quel que soit le stade de votre état émotionnel, réponse au stress, anxiété ou angoisse, n'attendez pas le dernier moment pour prendre soin de vous. Il n'est jamais trop tard pour gérer des crises d'angoisse.

Le stress est une réponse qui peut être extrêmement positive et engendrer une belle dynamique et renforcer la motivation. Si je prends par exemple l'écriture de ce livre, le stress de ne pas le terminer à temps me booste. C'est un moteur qui me pousse à aller de l'avant.

L'important est donc de ne pas dépasser ce stade.

Mieux vaut en toute logique écoper avant que le bateau ne chavire.

À RETENIR !

Mieux vaut prévenir que guérir

Au moindre signe avant-coureur d'un stress trop important, je vous conseille d'appliquer les exercices décrits dans les pages suivantes de manière occasionnelle, mais régulièrement afin d'optimiser votre résistance à une crise d'angoisse et ainsi la repousser très rapidement.

Je ne connais aucun athlète ni musicien qui ne se soit entraîné durant des centaines d'heures (un minimum !) avant d'atteindre les sommets. Vous forgerez votre mental afin qu'il résiste à la tentation de s'emballer. Entrons maintenant dans le vif du sujet. Vous allez apprendre à combattre efficacement et tout en douceur vos crises d'angoisse et de panique !

Prêt ?

La bonne nouvelle, pour en revenir aux exemples cités, c'est que je me suis débarrassé tout seul et très rapidement de ces angoisses et de ces états de panique **en appliquant des techniques qui ont fait leurs preuves sur des personnes qui souffraient de crises depuis plus de vingt ans** et que j'ai pu expérimenter lorsqu'elles sont venues chercher mon aide.

Pour cela, je vais vous demander deux choses :

- 1. Être combatif.
- 2. Appliquer à la lettre le plan que je vais vous donner.

Elles n'ont l'air de rien, mais j'aimerais que vous preniez trente secondes pour les relire une dizaine de fois.

C'est fait ?

Vous n'allez pas vous en tirer comme ça.

Prenez un stylo et recopiez ci-dessous ces deux lignes :

Je suis hypercombatif/ve.

J'applique à la lettre le plan d'attaque anti-crises d'angoisse.

À vous !

Je suis combative
J'applique à la lettre le plan
d'attaque anti-crises d'angoisse

Je vous promets dès maintenant une éclatante réussite et une vie nouvelle car, vous ne le savez certainement pas encore, mais **les crises d'angoisse disparaissent aussi soudainement qu'elles sont apparues.** Un beau jour, vous vous lèverez, vous vous promènerez, vous conduirez votre voiture et les crises auront disparu !

Prêt ? Alors c'est parti pour une grande bataille dont vous sortirez assurément vainqueur !

CHAP. 2

QU'EST-CE QUI M'ARRIVE ?

« Il n'existe rien de constant si ce n'est le changement. »
Bouddha

Comment ai-je pu en arriver là ? Cette question m'est souvent posée en consultation.
Avant de vous lancer dans l'application des exercices et des conseils que je vais vous donner dans un instant, essayons d'abord de comprendre ensemble ce qu'il a pu se passer pour que vous soyez dans un tel état d'angoisse.

Les personnes qui souffrent de crises d'angoisse et/ou de panique ont en général expérimenté un choc émotionnel, un traumatisme physique, précédé ou suivi la plupart du temps d'une grande fatigue et d'un état de stress anormal et répété.

Burn-out au travail, opération médicale, divorce, décès, chômage, accident, guerre, etc. Les raisons qui peuvent conduire à des crises ne manquent pas. En ce qui me concerne, c'est une opération de dents de sagesse qui a mal tourné qui les a provoquées. Un traumatisme très douloureux dont chaque détail est resté gravé dans ma mémoire mais dont les effets sur mon mental sont aujourd'hui réduits à néant grâce à la méthode que j'ai mise en place.

À RETENIR

La vie d'aujourd'hui laisse peu de répit. Certains êtres humains sont mieux armés que d'autres pour encaisser les problèmes quotidiens. Ce qui peut sembler banal pour les uns peut se transformer en une épreuve difficile à surmonter pour d'autres. Commençons donc par respecter la spécificité de chacun.

Ce qui vous réunit tous, c'est que personne ne s'attend à vivre une crise d'angoisse et n'est préparé à en subir les affres.

Pourquoi est-ce si compliqué à vivre ?

Parce qu'une crise d'angoisse est invisible. Vous n'avez aucune défaillance physiologique. Tous les examens montrent qu'aux yeux de la médecine conventionnelle vous n'avez rien. Absolument rien. Alors que vous souffrez le martyre, on vous assène qu'en réalité c'est juste votre cerveau qui déraille. Un peu dur à avaler. Et pourtant c'est vrai.

Un praticien de médecine holistique vous poserait tout un tas de questions relatives à votre vie personnelle et professionnelle, pour tenter de comprendre l'origine de vos crises. Quel que soit le type de praticien, l'important dans un premier temps est de vous en débarrasser.

La peur d'avoir peur

Je me rappelle avoir lu cette définition très intéressante d'une crise d'angoisse : «peur d'avoir peur». Perplexe dans un premier temps par cette approche un peu culpabilisante, je l'ai vite trouvée très pertinente. En effet, je me suis d'abord dit qu'en fait je jouais la comédie, que puisque ce n'était qu'une peur je n'avais qu'à me raisonner. Comment s'avouer vaincu et se sentir si déstabilisé, y compris physiquement, par de simples pensées ? Pas si simple… En y réfléchissant de plus près, j'avais effectivement peur d'avoir peur de me retrouver dans une situation anxiogène. Concrètement, j'avais peur d'avoir peur, en sortant de chez moi, qu'en mettant une simple lettre à la poste, le monde allait basculer autour de moi et engendrer une nouvelle crise de panique. Car j'en étais arrivé au point que marcher dix mètres hors des limites de mon lieu d'habitation était un calvaire. J'avais la tête qui se mettait à tourner et les jambes qui flageolaient. Une fois de retour, dès la porte d'entrée franchie, plus rien. Étonnant cette capacité du cerveau à nous tourmenter.

Autrement dit, effectivement, **votre esprit est le seul responsable de votre état**. Ne cherchez pas de bouc émissaire. Même si la raison qui vous a poussé à cette situation est le décès d'un proche, un patron maladroit ou les suites d'un événement dramatique, aujourd'hui, là, maintenant, vous devez compter sur vous et uniquement sur vous pour vous en sortir. Nous devons donc faire en sorte, dans un premier temps, que votre esprit recouvre toutes ses facultés afin que vous alliez mieux rapidement. Ensuite, nous nous appliquerons à **renforcer votre état de résistance au stress en alliant exercices de prévoyance et conseils afin que vous n'ayez plus de crises.**

Ne vous inquiétez surtout pas. Je ne vais rien vous demander qui soit compliqué à mettre en œuvre ou qui coûte une fortune. Mon but est de vous aider à vaincre vos crises, pas de vous affoler ni encore moins de vous angoisser encore davantage.

Vous constaterez que mes conseils et les exercices que je vous propose sont aussi simples à mettre en œuvre que redoutablement efficaces. Alors s'il vous plaît, suivez-les.

Quels sont les risques à ne pas vous prendre en charge rapidement ?

Une organisation compliquée

Il est assez rare malheureusement de n'avoir qu'une seule crise. Tout comme il est assez rare de ne pas passer deux fois au même endroit lorsqu'on travaille, qu'on étudie ou qu'on emmène les enfants à l'école.

Reprenons les exemples précédents qui sont les plus fréquents.

Vous décidez de ne plus passer sur l'autoroute où a eu lieu votre première crise. En cas de nécessité, soit quelqu'un d'autre prend le volant, soit vous passez par la nationale ou par les routes départementales.

Vous perdrez évidemment beaucoup de temps et parfois vous annulerez un rendez-vous important. Pour postuler à un emploi par exemple, vous calculerez un trajet qui vous stressera davantage car il est plus long et vous le connaîtrez moins bien.

Vous fuyez tout simplement devant la peur de subir une seconde crise. Rappelez-vous : vous avez peur d'avoir peur. Certaines personnes angoissées et qui ont peur de l'échec ne font rien d'autre. Elles ne se présentent pas aux examens, ne vont pas aux rendez-vous, n'avancent pas dans la vie, etc. Vous êtes en passe de faire la même chose, mais en beaucoup plus dangereux encore.

Admettons que vous puissiez vous permettre de gérer votre temps et vos rendez-vous comme vous l'entendez, voici ce qui vous attend ensuite.

L'isolement

Vous marchez en empruntant une rue qui vous dispense de passer par la place où votre première crise d'angoisse a eu lieu. Mais une deuxième crise survient. Vous n'emprunterez plus jamais ce deuxième chemin à l'avenir. Au fil des crises, le nombre de lieux où vous éviterez de passer va s'accroître. Votre vie va devenir très compliquée. Au point où vous sortirez de moins en moins de chez vous, jusqu'à l'étape ultime où votre habitation sera votre unique refuge.

Si vous travaillez, je vous laisse imaginer la difficulté. De manière générale, toute sortie sera source d'angoisses.

Qu'adviendra-t-il si vous subissez une crise chez vous ? Petit à petit votre espace vital va se restreindre.

Quel que soit le stade de vos crises, bien entendu j'ai les solutions. Que vous soyez enfermé chez vous, que vous ne sortiez plus qu'accompagné ou que vous soyez encore sous le choc de votre première attaque de panique, cette méthode vous rendra un grand service.

> ***Appliquez pour cela chacun des conseils que je vous donnerai.***

Je fais une pause

Décrivez votre situation en quelques lignes. Répondez à ces questions : où ont eu lieu votre première et votre dernière crises d'angoisse ? Décrivez-les avec le plus de détails possible. Ensuite, écrivez ce que vous avez ressenti : palpitations, sueurs, tremblements, vertiges, etc.

Par cette période 2023/2024 :
Chez moi, sans raison apparente, l'impression de perdre pied, de perdre le contrôle, d'être possédée par la peur (2023),
Chez moi, pendant 5 jours, alors que je tentais de retravailler en plein burn out : peur intense, panique, tremblements du corps et à l'intérieur.
Une grande souffrance psychologique

CHAP. 3

VOS RAPPORTS AVEC LES AUTRES ET INVERSEMENT

« Si nous savons comprendre avant de condamner, nous serons sur la voie de l'humanisation des relations humaines. »

Edgar Morin

Toute la difficulté à présent consiste à accepter les crises d'angoisse d'une personne de votre entourage, ami, membre de la famille, ou collègue de travail. Autrement dit, vous allez **apprendre à comprendre cette pathologie invisible**. Il ne suffit pas en effet de lancer un : « Tout est dans ta tête, bouge-toi » pour que les crises disparaissent d'un coup de baguette magique. De l'autre côté du miroir, si c'est vous qui êtes en souffrance, vous devrez aussi apprendre à cohabiter avec des gens qui vous veulent du bien ou qui, par ignorance, ne comprennent pas vos souffrances.

Vous connaissez quelqu'un qui souffre de crises d'angoisse. Que faire ?

Deux cas de figure : soit vous savez de quoi il s'agit, soit vous ignorez complètement ce qu'est une crise d'angoisse. Voyons plus précisément que faire dans les deux cas.

Vous savez ce qu'est une crise d'angoisse

Vous connaissez le sujet, ou du moins vous en avez entendu parler. Ce livre devrait vous donner un sérieux coup de pouce pour compléter ce que vous savez déjà. Mais comment faire face à cet ennemi invisible qui fait souffrir ? Commencez par lire ce livre afin de servir d'appui à la personne et la soutenir dans sa lutte contre ses crises.

À RETENIR

N'en faites pas trop

Plus la personne vous est proche et plus ce conseil est difficile à mettre en pratique. Soyez compréhensif sans devenir esclave de la situation. Chaque stade de la crise d'angoisse a ses caractéristiques. Au début, il faut rassurer. Ensuite, si plusieurs crises surviennent, vous devez accompagner et, enfin, au stade ultime où la personne ne sort plus ou presque de son lieu d'habitation, vous êtes invité à prendre les choses en main plus fermement.

Stade a : crises majeures

Si vous êtes en présence de quelqu'un qui ne sort quasiment plus de chez lui, commencez par l'accompagner afin qu'il reprenne contact avec l'extérieur. Quel que soit votre emploi du temps ou la météo, suivez-le tous les jours à l'extérieur de chez lui, au moins une fois par jour.

Après plusieurs jours ou semaines d'accompagnement, en fonction du stade des crises d'angoisse, sortez à nouveau ensemble, mais laissez la personne faire quelques pas seule dans la rue, dans un commerce. Rassurez-la en lui montrant que vous êtes bien là en cas de souci et qu'elle peut compter sur vous.

La prochaine étape consiste à la laisser sortir de chez elle seule. Par exemple pour aller chercher une baguette de pain. Indiquez que votre portable reste allumé au cas où. Continuez ainsi sur des distances et des durées plus longues.

Stade b : crises sporadiques

La personne sort malgré l'inconfort et la peur. Elle est combattante. C'est parfait ! À ce stade, demandez-lui de lire et d'appliquer les conseils de ce livre à la lettre. Restez en appui. Encouragez-la.

Stade c : la première et unique crise a eu lieu récemment

La plupart du temps va s'ensuivre une batterie d'examens médicaux pour être certain du diagnostic. Comme au stade b ci-dessus, conseillez votre ami(e) de lire ce livre et d'appliquer les conseils le plus rapidement possible.

Vous devrez être plus présent au stade a qu'aux deux autres, bien sûr. Ne tombez pas dans le piège d'effectuer chaque sortie seul, comme les courses, les formalités administratives ou les loisirs. Si la personne vous sollicite trop et dépend abusivement de vous, sachez mettre un frein. En effet, le risque est qu'elle ne sorte plus du tout de chez elle. En revanche, ne lâchez pas quelqu'un au stade a seul dans la rue. Tout est une question d'équilibre et de ressenti.

À quel stade est la personne que vous connaissez ?

Comment comptez-vous l'aider ? Quand ?

Exemple : Marion, stade b. Je l'appelle aujourd'hui. Je lui offre le livre. Lui demande si elle a besoin que je devienne son appui (voir page 49).

JSG, stade c. Je l'encourage à
faire ce qui lui semble bon p. lui, lui

propose de venir me voir, de me recevoir,
mais échangeons bcp, je lui propose
des outils (sophro, méditation en pleine
conscience, balades, resto...

Vous êtes pris au dépourvu

Dans un premier temps, le plus difficile sans doute pour vous est d'accepter l'idée que tous les examens médicaux sont bons et que, malgré cette santé physique florissante, vous avez quelqu'un en face de vous qui est apeuré, inerte parfois, au pire cloîtré, qui se sent incapable de sortir de chez lui sans être accompagné. Que cette situation ait commencé hier ou qu'elle perdure depuis des années, sachez que le premier sentiment des personnes qui viennent me voir pour des crises d'angoisse est d'être incomprises par leur entourage. Se mélangent en eux la colère et la tristesse. Si vous avez, par énervement ou ras-le-bol de la situation, envoyé un tonitruant : « Bouge-toi, tu n'as rien du tout, c'est de la comédie », sachez que vous aggravez la situation. C'est exactement ce qu'une personne souffrant de crises d'angoisse n'a pas besoin d'entendre ni d'endurer, car c'est faux et injuste.

Si le mal est fait, mettez votre ego de côté, et allez vous excuser en précisant que vous ne saviez pas ce que pouvait ressentir quelqu'un souffrant de crises d'angoisse. Je ne cherche pas à vous culpabiliser mais à vous faire ouvrir les yeux sur une réalité.

Je comprends que les personnes proches comme vous l'êtes souffrent aussi de la situation, qu'il s'agisse de votre moitié, d'un ami ou d'un parent. Afin de retrouver une belle harmonie, chacun doit prendre une nouvelle place et l'assumer.

Lisez bien ce livre. Prenez conscience que **les crises d'angoisse et de panique sont très difficiles à vivre**. Proposez ensuite votre aide en tant qu'appui. Ce n'est pas le moment de créer des tensions. La personne a besoin d'être rassurée, accompagnée et poussée. Vous êtes l'un des mieux placés pour cela !

Vous souffrez de crises d'angoisse : comment agir avec votre environnement ?

À l'inverse, si vous avez subi ce genre d'attaques verbales, sachez aussi pardonner. Comprenez que ce n'est vraiment pas évident d'être en appui et de comprendre votre pathologie.

Que faire devant ceux qui, d'un petit sourire en coin, vous regardent comme si vous aviez gagné l'Oscar de la mauvaise foi, qui pensent que vous êtes le pire tire-au-flanc qu'ils connaissent et que vous n'avez qu'à vous remuer pour que tout redevienne normal ? J'en ai rencontré. Vous en connaissez sûrement aussi. Le mieux est de ne pas entrer dans leur jeu en créant un conflit qui engendrera davantage de stress. Souriez intérieurement devant tant d'incompréhension. Si les explications que vous donnez les rendent tout aussi dubitatifs, sans doute ouvriront-ils les yeux plus tard, dans cette vie ou dans une autre. Restez zen et pensez à vous avant tout. Cherchez des appuis ailleurs sans forcer personne.

Soyez rassuré. Parmi vos collègues, vos amis et les membres de votre famille se trouvent des gens qui souffrent, ont souffert d'anxiété ou qui connaissent dans leur cercle proche des personnes en souffrance comme vous. Des millions de femmes et d'hommes à travers le monde subissent les affres des crises d'angoisse et de panique.

Dites-vous qu'un jour, à votre tour, vous deviendrez un appui sérieux et dévoué pour ces personnes.

2

COMBATTRE SES ANGOISSES

Nous arrivons à un moment crucial de cette méthode. Les trois premières étapes de cette partie sont le socle de la construction de votre réussite.

Appliquez-vous.

Concentrez-vous.

Restez positif.

Tout ira bien.

Vous y êtes presque.

CHAP. 4

ÉTAPE 1 : TRAVAIL PRÉPARATOIRE

« Que l'on me donne six heures pour couper un arbre, j'en passerai quatre à préparer ma hache. »

Abraham Lincoln

Comme avant une séance de sport, une réunion importante ou le passage d'un examen, vous allez vous échauffer, vous préparer et vous entraîner. Encore une fois, rien de très compliqué, mais encore faut-il que vous mettiez en application mes conseils. Cette méthode est conçue pour que tout le monde réussisse à réduire à néant ses crises d'angoisse et de panique. Personne n'est laissé sur le bord de la route.

Peut-être venez-vous d'expérimenter votre première crise ou en faites-vous depuis des années. Ça n'a pas d'importance. Chacun d'entre vous est à un stade différent. La solution est la même pour tous.

Il ne tient qu'à vous, maintenant, de vaincre vos crises d'angoisse. Facile à dire ? Sans doute. Mais… c'est de votre vie dont il s'agit. Personne ne la prendra en main mieux que vous. La victoire en sera d'autant plus grande que c'est vous et vous seul qui aurez vaincu vos démons.

EN PRATIQUE

Après avoir rempli les conditions de chacune des étapes qui suivent, **mettez une petite coche dans la case correspondante à celle-ci dans la check-list à la fin des trois premières étapes** (page 93), et passez à la suivante.

Vous aurez sans doute déjà mis en pratique certains de ces conseils. Parfait ! Si c'est vraiment le cas, cochez et enchaînez.

Ne vous dites pas que telle ou telle étape est inutile, barbante ou impossible à mettre en œuvre. Vous n'avez pas le choix. S'il vous plaît – je le répéterai souvent ! –, suivez les conseils dans l'ordre indiqué.

1re phase : faites une vérification médicale

Dans les grandes lignes, les symptômes d'une crise d'angoisse sont à peu près toujours identiques mais peuvent évidemment légèrement varier d'une personne à l'autre. Dieu merci, nous sommes tous différents.

Quels sont vos symptômes ?

Dans la liste ci-dessous, vous vous reconnaîtrez facilement je pense :

- Grand vide, l'impression d'être tout petit dans le néant, de ne plus avoir de repère. C'est une sensation difficile à décrire. Je suis certain que vous savez de quoi je parle.
- La vue se brouille.
- La tête tourne.
- Les jambes flageolent et/ou semblent lâcher.
- Le rythme cardiaque s'accélère.
- Le souffle est coupé ou saccadé.
- Vous transpirez, vous avez des bouffées de chaleur.
- La peur vous tétanise.
- Vous avez l'impression que vous allez tomber.
- Vous avez peur de vous évanouir ou de mourir.
- Paniqué, vous devez vous arrêter, vous asseoir ou fuir la situation. Vous avez, par exemple, envie de retourner chez vous alors que vous êtes tranquillement installé au cinéma ou à un repas en famille.

Rien de réjouissant, j'en conviens. Pour les avoir tous testés bien malgré moi, je sais combien c'est pénible.

Soyez rassuré, nous allons régler tous ces problèmes.
En attendant, même si vous souffrez de tous les symptômes caractéristiques des angoisses, la sagesse exige que vous alliez consulter un professionnel de la santé pour des examens complémentaires. Cela sort du cadre de ce guide et de mes compétences, puisque je ne suis pas médecin, mais **vous devez vous assurer en premier lieu que vous souffrez bien de crises d'angoisse.**
Mon credo est que la médecine conventionnelle occidentale et la médecine holistique doivent travailler ensemble et non l'une contre l'autre. L'intégrisme n'a jamais aidé à modeler un monde heureux.

Bilan

Vous êtes passé chez le médecin ? Le pronostic, le diagnostic et éventuellement un traitement ont été établis ? Parfait.
Inscrivez ci-dessous ce qu'il vous a dit. Pourquoi ? Parce que je reçois un nombre incalculable de personnes à qui je demande de me résumer la consultation, qui me regardent d'un air absent et qui me disent : « Je ne sais plus », « Je n'ai pas tout compris », « Je n'ai pas osé demander », etc.
Résumez en quelques mots votre visite :

Burn out. Je suis une hypersensible empathique qui a une culture du travail coûte que coûte, qui se lance des défits, se mets la barre très haute... Je me suis abîmée

On passe à la suite.

2e phase : soyez hypermotivé

À ce stade, vous êtes sûr que vous souffrez bien de crises d'angoisse. Ça fait partie de la méthode. Il est très important de nommer avec exactitude la pathologie dont on souffre. L'inconnu n'est guère rassurant. Même si ça fait mal, vous connaissez à présent le nom de votre pire ennemi. Maintenant, vous êtes sans doute démoralisé et très inquiet pour votre avenir. À ce stade, c'est normal. Il est temps pour vous de reprendre espoir et de vous rebiffer contre ce danger invisible qui vous pourrit la vie. Car, à partir de cet instant, **les crises d'angoisse et de panique sont votre cible.** La petite sœur ou l'ex-petit(e)-ami(e) sont des enfants de chœur à côté de ce que vous traversez en ce moment. Considérez-les comme tels jusqu'à votre complète guérison. Ne cédez en rien. Pour l'instant, vous n'avez pas encore toutes les armes pour les vaincre, mais ce sera le cas lorsque vous aurez terminé la lecture de ce livre.

EN PRATIQUE

Mettez-vous bien ceci en tête :

Vous êtes un guerrier invincible.

Vous êtes le Superman (oubliez le slip ridicule) ou la Lara Croft de la lutte anti-crises d'angoisse et vous allez terrasser le mal. Vous ne risquez rien. Votre cerveau est le seul responsable de vos troubles. Le grand patron, c'est vous !

Et vous allez le faire savoir !

Notez : Je suis le patron / la patronne :

Je suis la patronne ....

Pour ma part, j'ai acheté un mug humoristique sur lequel est inscrit « C'est moi le patron » avec un portrait de Napoléon. Ah, l'humour ! Nous en rediscuterons.

Mesurez votre motivation

Vous vous débarrasserez de vos angoisses. J'en suis persuadé. Mais comme condition *sine qua non* à votre victoire figure une motivation sans faille.

À combien, entre 1 et 10, mesurez-vous votre motivation ? Écrivez un chiffre en gros caractères :

....

Entre 8 et 10 ? Bravo. Le contraire m'aurait étonné. En général, on n'a pas envie de rester avec un boulet tel que les crises d'angoisse accroché au pied.
Vous avez écrit un chiffre en dessous de 8 ? Ne soyez pas défaitiste. Qui peut s'imaginer gagner une bataille en se disant qu'elle est perdue d'avance ? Personne.

Boostez votre motivation

À partir de maintenant, à cette seconde précise, vous êtes l'incarnation du vainqueur. Vos angoisses ne vous auront pas. Vous les détruirez jusqu'à la dernière.
Répétez-vous tous les jours, plusieurs fois, des affirmations positives et motivantes telles que :

- « Je suis invincible ! »
- « Je suis le vainqueur ! »
- « Je suis indestructible ! »
- « Je vais de l'avant ! »

Je vous laisse inventer les vôtres. Il y a deux conditions : **vos affirmations ne doivent comporter aucune négation et être formulées au présent.**

Ne vous dites pas, par exemple :

- « Personne ne me battra. »
- « On ne me détruira pas. »
- « Rien ne m'atteint. »

Restez en permanence dans l'affirmative. Vous enverrez ainsi un message positif à votre esprit qui, renouvelé des centaines de fois, finira par s'imprégner durablement.

Si vous vous dites « J'irai mieux », vous envoyez le message à votre esprit qu'un jour prochain, vous n'aurez plus de crises d'angoisse. Cette phrase écrite au présent devient : « Je suis mieux. » Quelle belle différence dans ce message très optimiste ! Mieux vaut tard que jamais mais mieux vaut encore maintenant que jamais.

Écrivez ci-dessous trois affirmations de votre choix :

1. Je vais de l'avant
2. Je suis forte
3. Je suis mieux

3e phase : cherchez la source de vos angoisses

Il existe plusieurs raisons à vos crises d'angoisse.
Nous allons, dans un premier temps, éclaircir le terrain. **Ne vous mettez pas la pression.** Il s'agit, à ce stade, de prendre conscience que, nécessairement, il a dû se passer, à un moment de votre existence, un ou plusieurs événements traumatisants, même si vous n'y avez pas accordé une grande importance.

Commencez par faire le bilan d'une année en arrière avant votre première crise. Si, par exemple, elle a eu lieu un 31 décembre, analysez mentalement tout ce qui a pu se passer depuis le 1er janvier.

Passez en revue les sources de stress des douze mois écoulés. Voici quelques idées :

- Surcharge de travail
- Harcèlement
- Relations difficiles
- Domaine affectif mis à rude épreuve
- Coup dur dans le domaine financier
- Accident
- Opération
- Souffrance morale ou physique
- Décès
- Violences...

Vous êtes-vous senti fatigué ou démoralisé ? Étiez-vous tendu ou au contraire d'une mollesse qui ne vous ressemblait pas ? Vos cervicales étaient-elles douloureuses ? Votre digestion difficile ? Grinciez-vous des dents la nuit ? Vous sentiez-vous « sur les nerfs » ou en permanence sur le qui-vive, prêt à en découdre, toujours partant pour un nouveau défi ? Il existe beaucoup de signes qui indiquent que vous êtes stressé.

Stressé ?

Nous en avons parlé, le stress peut être très positif. Toutefois, répété et à hautes doses, il s'immisce en vous de manière insidieuse. Comme de petites briques posées les unes sur les autres, sans ciment, le mur monte jusqu'à devenir trop haut pour résister contre vents et marées. Un jour, il s'effondre avec les dommages collatéraux qui vont avec. Il suffit d'une seule petite brique pour que l'ensemble tombe.

Exemple

Au travail, votre supérieur hiérarchique vous adresse la parole comme si vous étiez son copain de chambrée. Au début, vous en riez. Puis, au fil du temps, vous trouvez ça pesant. Vous vous refermez sur vous-même. Vous encaissez encore et encore, jour après jour, l'humour décalé de votre chef, que vous ne respectez absolument plus, même si c'est un professionnel remarquable. Il suffira alors d'une parole maladroite de sa part pour que vous fassiez une crise d'angoisse.

Autre exemple : vous apprenez le décès de quelqu'un que vous connaissez et qui est parti selon vous trop vite et trop jeune. Vous assistez à son enterrement. Plusieurs jours passent. Vous ressassez son départ, la cérémonie, l'injustice. Des mois plus tard, ces pensées envahissantes ont fait des petits. Et si c'était vous, le prochain sur la liste ? N'auriez-vous pas, vous aussi, ce cancer dont il est mort ? Vous souffrez bien de petites douleurs chroniques dans le dos. Malgré les paroles rassurantes de votre médecin, il n'y a rien à faire. Chaque jour qui passe, petit à petit, devient prétexte à vous inventer des maladies mortelles dont vous ne souffrez pas. Vous superposez vous aussi vos petites briques. Arrive le décès d'une personne âgée presque centenaire. C'est la goutte d'eau. La mort vous effraie tellement que vous en faites une crise.

Les scénarios qui peuvent vous amener à faire des crises d'angoisse sont très nombreux. À vous de faire le tri avant de trouver le vôtre.

Si vous avez du mal à fournir une explication à vos crises, vous ne vous rendez peut-être pas compte que vous êtes anxieux. Faites-vous partie de ces gens qui travaillent sans relâche et qui adorent ça ? Êtes-vous de ceux qui ne se plaignent jamais et qui intériorisent tout ?

Qu'en pense votre entourage ?

C'est le moment de le demander à vos meilleurs amis et à votre famille. Demandez-leur s'ils vous trouvent stressé ou angoissé, et si oui, depuis combien de temps ? Je reçois beaucoup de gens qui, à cette question, me répondent qu'ils ne se sentent ni stressés ni angoissés mais que leurs proches n'ont pas le même avis.

> ***Nous ne sommes pas toujours les meilleurs critiques quand il s'agit de nous observer. Un jugement extérieur est très appréciable et utile pour vous aider à aller mieux.***

Ont-ils également noté un changement en vous au cours de ces derniers mois ?
Beaucoup de gens qui souffrent de crises d'angoisse paraissent d'un calme olympien. Mais ils bouillonnent à l'intérieur.

Prenez votre temps pour déterminer la ou les causes de votre état actuel. Ensuite, en prendre conscience est une étape importante dans votre processus de guérison. Vous ne reproduirez ainsi plus les mêmes erreurs. On peut vivre la vie d'une super maman et/ou d'une superwoman de l'entreprise en sachant se préserver des moments à soi au calme. Nous reviendrons sur cette étape cruciale un peu plus tard (page 86).

En premier lieu, observez les symptômes sans les juger : la tête qui tourne, les jambes qui flageolent, le chaud, les frissons, la respiration qui s'accélère, etc. L'idée est de mieux les « diluer » en diminuant leur importance, et ensuite de contre-attaquer. Plus vous pratiquerez cet exercice et moins les symptômes auront d'impact sur vous.
Ensuite, *banzaï* ! Nous serons sans pitié avec cet ennemi invisible.

Voici une citation de Sun Tzu, célèbre général chinois du VIe siècle av. J.-C. et auteur du livre *L'Art de la guerre* :

« Amène-les dans un lieu où ils ne pourront plus s'en aller, et ils mourront avant même de s'enfuir. »

Autrement dit, amenez vos symptômes à vous et ils s'évanouiront.

Bref, pour être précis : vous anéantirez la cause de vos soucis.

5e phase : trouvez des appuis

Les membres de votre famille ou de votre cercle d'amis peuvent ne pas toujours être compréhensifs (voir chapitre 3). En effet, tous vos examens médicaux sont bons et ils vous aiment, donc, pour eux, vous n'avez rien. Vous devriez même être très heureux ! Comment ne pas l'être ?! Comment leur faire comprendre que vous souffrez d'une pathologie invisible ? Au mieux seront-ils rassurés si votre médecin vous prescrit des antidépresseurs ou des anxiolytiques, qui en réalité ne feront que masquer le problème.

Mais, au moins, dans leur esprit, si vous avalez des médicaments, c'est que vous êtes *vraiment* malade. Dans les cas extrêmes, ils pourraient tout à fait vous traiter de tire-au-flanc. Puisque sortir et aller au travail est un cauchemar et que vous ne souffrez pas physiquement, quelle autre raison que la flemmardise pourrait expliquer ce manque d'entrain ?
Il est très difficile de comprendre ce que peut ressentir quelqu'un souffrant de crises d'angoisse et de panique. D'ailleurs, maintenant que vous êtes du mauvais côté de la barrière, vous vous en rendez compte à vos dépens. Jamais, sans doute, vous n'auriez pu imaginer que ça existait. Même si vous aviez croisé quelqu'un qui vous disait souffrir de crises d'angoisse, vous auriez très bien pu penser que c'était dans sa tête et qu'il n'avait qu'à se « bouger un peu ». Aujourd'hui, vous savez qu'il n'en est rien et que se débarrasser de ses crises est plus compliqué qu'il n'y paraît. Selon l'adage bien connu : « Tant qu'on ne l'a pas vécu, on ne sait pas ce que c'est. »
Cette cinquième phase met l'accent sur l'aspect relationnel de votre vie.

Parlez

Je vous conseille de le dire à quelqu'un. **Ne restez pas dans le secret.** Vous avez bien une personne au monde que vous appréciez, et réciproquement, à qui vous pouvez confier ce que vous considérez à tort comme une honte. Il ne s'agit pas d'être fort ou faible.

> ***Lorsqu'on souffre, une oreille attentive, une épaule rassurante, des mots encourageants sont autant de truelles de ciment qui maintiendront votre mur de plus en plus solidement et vous permettront de sortir de vos crises.***

Partons du principe qu'ils savent que vous souffrez de crises d'angoisse et de panique.

EN PRATIQUE

Trouvez vos anges gardiens

Ces appuis sont là pour vous rassurer et vous pousser à aller de l'avant. Certains n'oseront pas, car ils vous aiment et vous chérissent. Pour rien au monde, ils ne veulent vous rendre malheureux. Ce qui ne vous rend pas la tâche facile.

Est-ce qu'il n'est pas un peu masochiste de demander à quelqu'un qui rêve de vous aider de ne pas trop en faire ? En réalité, il n'est pas question de ne pas trop en faire, mais de le faire bien. Expliquez à votre « ange gardien » qu'il doit vous guider et non vous coller. Si la boulangerie se trouve au coin de la rue, allez-y seul. Si vous devez vous rendre à un rendez-vous important et que vous êtes à un stade avancé de vos crises d'angoisse (vous ne sortez quasiment plus), demandez à votre appui de vous accompagner.

En règle générale, débrouillez-vous pour les petits trajets. Que votre appui garde son téléphone portable allumé ou vous regarde depuis la fenêtre si la destination est toute proche.

Fuyez les personnes négatives qui cherchent à vous culpabiliser. « C'est de ta faute », « Remue-toi », « T'es trop nul », etc. sont des expressions qui vous permettront de faire le tri parmi vos amis et appuis familiaux.

Si vos proches vous cajolent comme un bébé, sachez qu'ils ne vous aident pas. S'ils sortent systématiquement avec vous, vont faire vos courses, vous baladent, ils vous enfoncent la tête dans le sable en croyant bien faire. C'est dur à entendre, mais c'est la vérité. Si, en fait, ils sont à votre service, vous n'irez pas mieux. Rappelez-vous le titre de cette étape : trouver des appuis. Pas des esclaves, mais des gens qui, certes, vous donneront un coup de main, mais qui vous diront aussi : « Va chercher le pain tout seul. Je suis là. Rien ne peut t'arriver. » Vous avez dans ce cas-là de vrais piliers. Cherchez leur compagnie. Triez-les sur le volet.

Nommez ci-dessous cinq personnes sur qui vous pouvez vous appuyer. Rappelez-vous qu'il vaut mieux une personne fiable que cinq qui ne répondront jamais présents lorsque vous aurez besoin d'elles.
De même, comprenez qu'il peut être fatigant, lassant et épuisant pour un seul appui de gérer votre état à lui seul. Trouvez-en au moins deux.

Vos appuis doivent :

- Être au courant que vous souffrez de crises d'angoisse.
- Être d'accord pour vous aider, ce qui signifie être présents pour vous rassurer et vous épauler.
- Être positifs dans leur attitude et leurs propos à votre égard.

Mon premier appui est :

Alme ....

Mon deuxième appui est :

Ambre. ....

Mon troisième appui est :

ma psy. ....

Mon quatrième appui est :

....

Mon cinquième appui est :

....

Une fois vos appuis définis (entre deux et cinq), ajoutez-les à votre répertoire téléphonique **et** écrivez leurs nom et numéro de téléphone sur un papier ou dans un carnet que vous conserverez sur vous. J'insiste sur le fait que ce n'est pas un choix. Si votre smartphone dernier cri tombe en panne, autant avoir une copie papier, à l'ancienne mais très utile, lorsque la technologie vous lâche. Le but est de vous rassurer, et non que vous fondiez en larmes au moment critique en vous écriant : « Mon Dieu, j'ai perdu tous mes appuis ! » Vos anges gardiens sont bien là pour vous épauler et vous guider vers votre renaissance ?

Bravo ! Poursuivons notre route.

EN RÉSUMÉ

Voici les points clés de cette étape préparatoire :

1. **Faites un bilan médical.** Faites confirmer par un médecin que vous souffrez bien de crises d'angoisse.
2. **Soyez hypermotivé.** Ayez l'esprit d'un combattant invincible qui remporte toutes ses batailles.
3. **Cherchez la source de vos angoisses.** Partez à la chasse aux responsables. Dans un premier temps, débusquez-les. Nous les anéantirons à l'étape suivante.
4. **Acceptez vos symptômes.** Souhaitez-leur la bienvenue car ils vous préviennent que quelque chose ne va pas dans votre vie.
5. **Trouvez des appuis.** Sollicitez et sélectionnez ceux de vos proches les mieux à même de vous aider. Petit rappel : un guerrier invincible n'a pas besoin d'être materné, n'est-ce pas ?

CHAP. 5

ÉTAPE 2 : LES REMÈDES D'URGENCE

« Garde-toi, dans la vie, de rien différer : que ta vie soit l'action, encore l'action ! »

Johann Wolfgang von Goethe

Ce simple exercice a suffi à certaines personnes qui souffraient de crises d'angoisse depuis plusieurs années à retrouver une vie normale. Elles sortent aujourd'hui à nouveau de chez elles, voyagent, prennent l'avion, etc. Elles ont considéré leurs angoisses sous un nouvel angle. Cet exercice a changé leur vie comme il va transformer la vôtre ! Pratiquez-le de manière régulière et vous aurez fait un énorme pas vers votre liberté.

Une fois vos angoisses insultées, accueillez votre état de bien-être avec bienveillance. Dites-vous que vous êtes bien, que vous êtes détendu, que tout va bien.
Si ce livre ne devait comporter qu'un seul conseil, c'est celui-là, alors pratiquez-le !

À quel moment faut-il lancer les insultes ?

Dès le début de vos sensations de mal-être. Si, par exemple, vous êtes angoissé parce que vous savez que vous devrez sortir, commencez dès à présent. Quelle que soit l'échéance, insultez vos angoisses bien en amont avant que l'événement anxiogène ne commence. Si, au contraire, vous êtes pris de court et que votre crise d'angoisse se déclare sans prévenir, lancez la contre-attaque immédiatement !

Attention : insultez bien vos angoisses et non vous-même. Ne vous dites pas « espèce de #? ! & !!!!! » en pensant à vous. Si c'est le cas, pour vous aider, personnifiez vos angoisses. Imaginez quelqu'un qui les représente. Ne choisissez pas quelqu'un d'existant, comme votre belle-mère. Ce serait contre-productif. Inventez cette personne de toutes pièces. Que vous nommerez naturellement « Mes Angoisses ».

C'est le moment d'anticiper ce premier point avec humour. Notez ci-dessous vos 5 insultes favorites, que vous réserverez à vos crises :

1. ....
2. ....
3. ....
4. ....
5. ....

2e phase : Tenez-vous droit !

Avez-vous remarqué que vous regardez le sol lorsque vous êtes en crise ? Vous êtes courbé, vos épaules et votre dos se plient pour faire pencher votre corps vers l'avant. Vous essayez ainsi d'échapper à vos angoisses en vous coupant du monde qui vous entoure. Dans votre bulle, vous pensez être à l'abri.

Lors d'une crise, lorsque vous vous tenez droit, vous avez l'impression que votre équilibre est instable. En vous penchant, vous tentez de vous ancrer au sol. D'ailleurs, si vous pouviez vous asseoir ou vous allonger par terre, vous le feriez. Ce n'est pas une bonne idée. Les angoisses adorent vous voir fuir. Ne capitulez pas. Ce serait donner raison à votre pire ennemi nommé « Mes Angoisses ». Vous vous rappelez ?

Voici pourquoi il est très important de vous redresser. En fixant le sol, tout le haut de votre corps bascule en avant. Votre cage thoracique est comprimée. La ventilation s'effectue mal. Votre rythme cardiaque s'accélère. Vous connaissez la suite. Sueurs, jambes qui flageolent, panique…

Quand vous sentez que ça ne va pas, tenez-vous bien droit, raide comme un piquet.

- Imaginez un fil d'or ou d'argent qui traverse votre colonne vertébrale de bas en haut, depuis votre périnée jusqu'au ciel. C'est un lien indestructible qui vous maintient bien droit et vous stabilise. Rien ne peut vous arriver.
- Vous croyez aux anges gardiens ? Visualisez le vôtre, magnifique, qui se tient derrière vous en maintenant ce fil qui vous aide à vous tenir droit.
- De la même façon, si une personne chère est décédée, vous pourriez l'imaginer derrière vous, souriante et confiante, qui vous soutient.
- Bien ventiler et respirer correctement sont très importants dans la gestion de vos crises. J'y reviendrai un peu plus tard (page 63).

À RETENIR

Regagner un capital confiance

Au début, lors d'une belle angoisse, vous n'avez qu'une idée en tête : trouver un trou de souris, vous asseoir ou vous allonger, fermer les yeux, le tout en espérant que ce cauchemar cesse de lui-même. Vous aimeriez, en vous réveillant, vous dire que tout ça n'était qu'un mauvais rêve. C'est exactement ce qu'il va se produire. Mais en attendant ce jour merveilleux et bien réel, vous devez regagner un capital confiance sérieusement écorné par votre angoisse. Les crises de panique, qui ne sont rien d'autre que des fuites devant un danger imaginaire, ne font qu'accentuer cet état. En fuyant, vous pourriez vous sentir coupable et vous dévaloriser. N'en faites rien. La situation est déjà assez pénible comme ça. Personne ne s'attend à vivre des crises d'angoisse. Alors…

Gardez la tête haute.
Vous êtes quelqu'un de bien.

Notez ci-dessous 5 de vos qualités tout en gardant votre dos et votre tête bien droits !

1. ....

2. ....

3. ....

4. ....

5. ....

3e phase : reliez-vous à la Terre !

Rassurez-vous, je ne vais pas vous demander de mettre trois doigts dans une prise électrique. Bien que le principe et le but soient les mêmes : **stabiliser tout ce courant d'angoisses qui vous traverse et tente de vous griller !**

Cet exercice a pour origine les traditions extrême-orientale et indienne. Il s'agit d'**équilibrer votre corps dans l'espace** en vous imaginant connecté à la Terre. Ça peut vous paraître étrange comme concept si vous n'êtes pas au fait des thérapies énergétiques. À l'inverse, si vous pratiquez un art martial, le yoga, le qi gong ou le tai-chi-chuan, ce que je vous dis là vous est familier.
En pratiquant cet exercice, tous les matins, avant de vous lever, vous gagnerez en assurance et en équilibre.

À vous de jouer !

- Assis sur le bord de votre lit, les yeux fermés, imaginez des racines encercler vos cuisses, descendre le long de vos tibias et traverser vos pieds.
- Ces grosses racines très solides s'enfoncent jusqu'au centre de la Terre. Sentez vos pieds plaqués au sol.

Pratiquez cet exercice pendant une trentaine de secondes tous les jours.

Il s'agit d'une visualisation. Exagérez tout. Votre imagination est sans limites. Ces racines sont très épaisses et inébranlables. Choisissez la couleur qui vous plaît. Elles peuvent être roses, ou arc-en-ciel si vous le souhaitez. Elles traversent tous les matériaux depuis le dessous de vos pieds jusque dans les profondeurs terrestres. Rien ne leur résiste, que vous habitiez au dixième étage d'un immeuble ou dans une tente au ras du sol.

Vous êtes un arbre qui puise l'énergie depuis les profondeurs de la Terre grâce à ses racines puissantes. Visualisez un magnifique chêne au milieu d'un champ. Vous êtes cet arbre qui a survécu à des centaines d'années d'histoire et d'intempéries. Je ne peux pas vous promettre que vous finirez votre vie multicentenaire, mais je peux vous assurer que cet exercice vous permettra de renforcer votre position et de vous redresser, afin de mieux respirer, et de voir le monde autour de vous autrement, c'est-à-dire comme la majorité des gens le perçoit.

EN PRATIQUE

En cas de crise, pratiquez également l'enracinement, que vous soyez debout ou assis. Insultez vos angoisses, tenez-vous droit et ancrez-vous au sol comme nous venons de le voir.

Plus vous pratiquerez les exercices proposés en amont, hors de vos crises, et plus votre corps et votre esprit résisteront. Je me souviens de mon premier jogging après des années de sédentarité. J'ai tenu dix minutes. Puis, au fil des entraînements, c'est devenu plus facile. Mon corps a mieux résisté à l'effort tandis que mon esprit l'encourageait. Même chose ici. Entraînez-vous. Une fois par jour le matin au lever suffit.

Un dernier conseil : imaginez le même arbre chaque fois. Il sera ainsi plus facile et donc plus rapide à visualiser en cas d'urgence. Cet exercice, qu'on appelle **l'enracinement ou l'ancrage**, ne doit pas être confondu avec l'exercice du même nom que nous verrons plus loin.
Prenez du plaisir dans la pratique des exercices que je vous donne. Ils existent et vous sont présentés pour égayer et améliorer votre quotidien.

Décrivez ci-dessous l'arbre que vous visualisez. De quelle couleur est-il ? A-t-il des feuilles et d'imposantes branches ? Vous fait-il penser à un vieil homme plein de sagesse ou à une gentille fée protectrice ? Comment sont ces racines ? Pleine de terre et boueuses ou lisses, bien nettes ou encore brillantes ? Appropriez-vous ce géant de la nature car il vous représente. Rappelez-vous qu'il n'y a aucune limite au pouvoir de votre imagination. Faites-vous plaisir !

....

....

....

....

4e phase : respirez !

Lorsque vous sentez l'angoisse monter, le réflexe est d'augmenter à la fois la fréquence et l'intensité de vos respirations. Nous l'avons vu, en cas de crise, si vous pouviez vous terrer bien à l'abri dans le sol, vous allonger ou au moins vous asseoir, vous le feriez. Le tout en ayant le regard dirigé vers le sol. La tête se penche en avant et le haut du corps se courbe tandis que vos jambes flageolent. Vous êtes un arbre bien fragile qui se plie sous une brise légère que votre esprit prend pour une tempête. Nous sommes loin du chêne centenaire de la phase précédente.

En règle générale, vous inspirez profondément avant d'expulser un maximum d'air en soufflant. Ce n'est pas une bonne idée. En effet, vous oxygénez trop votre cerveau et votre tête va tourner. Ce n'est pas le but recherché n'est-ce pas ?

Je vous propose donc un exercice très simple qui a fait ses preuves : **la cohérence cardiaque.**

Cet exercice a fait l'objet de milliers d'études scientifiques. Les conclusions démontrent clairement son efficacité en matière de stress. Il semble si facile que vous pourriez penser qu'il ne sert à rien. Détrompez-vous. La meilleure manière de s'en rendre compte est de le pratiquer !

La cohérence cardiaque

Prêt ? Partez !

- Vous êtes assis ou debout. Ayez une montre ou une horloge qui indique les secondes à portée des yeux.
- Inspirez pendant 5 secondes par le nez en gonflant le ventre. L'air monte dans la poitrine, vos épaules s'écartent

légèrement en arrière. C'est ce qu'on appelle une inspiration abdominale.

- Expirez ensuite pendant 5 secondes par la bouche en rentrant le ventre. C'est excellent pour les abdominaux.
- Pratiquez pendant 5 minutes trois fois par jour.
- Vous pouvez également utiliser cet exercice avant un événement important qui vous stresse ou pendant une crise. Autant de fois que vous le souhaitez.

C'est aussi simple que ça !

La respiration est calme et détendue. Ne forcez pas. Ne prenez pas de grandes inspirations. Profitez de ce moment de plénitude que vous vous octroyez.

Rappelez-vous du chiffre **365**. Faites **3** respirations par minute pendant **5** minutes, toute l'année, soit **365** jours. Cet exercice devient de plus en plus efficace au fur et à mesure qu'on l'exécute. Comme le bon vin, il se bonifie avec le temps.

Vous trouverez sur Internet de nombreuses vidéos avec, entre autres, des vagues qui vous permettent de caler votre respiration sur leur mouvement. Tapez dans votre moteur de recherche préféré les mots « vidéo cohérence cardiaque ». Le problème avec Internet reste le choix pléthorique. Ne passez pas des heures à choisir le scénario qui vous convient. Parfois, les durées des inspirations et des expirations varient légèrement d'une vidéo à une autre. Ne vous inquiétez pas. Le résultat reste le même.

Si vous pratiquiez cet exercice sans montre ni horloge, vous compteriez mentalement jusqu'à 5. En réalité, vous iriez trop lentement. Vos inspirations et vos expirations dureraient 7, 8 secondes ou même davantage.

Essayez tout de suite en inspirant cinq fois pendant 5 secondes et en expirant cinq fois pendant 5 secondes. Ne vous dites pas que vous n'avez pas le temps. Si vous lisez ce livre à l'extérieur de chez vous, dans les transports en commun, attablé à une terrasse de café, en pause sur votre lieu de travail ou en parachute, faites cet exercice ! (Dans le dernier cas, n'oubliez tout de même pas de tirer sur la poignée d'ouverture !)

Notez vos impressions

Prenez votre stylo favori et notez vos impressions. Comment était votre souffle ? Que vous « disait » votre mental ? Était-il calme, tranquillisé et heureux ? Aviez-vous la sensation d'offrir à votre corps une pause réconfortante et bien méritée ?

....

....

....

....

5e phase : reposez-vous

Vos symptômes sont en partie dus à la fatigue et au stress qui ont dépassé de loin leurs limites acceptables. L'erreur serait de s'occuper le corps et l'esprit en les surmenant afin de ne pas avoir le temps de penser à vos angoisses. En faisant cela, vous accentuez votre état de surmenage et les fréquences de vos crises vont augmenter, ainsi que leur intensité. Vous tenterez alors d'être encore plus dynamique, toujours en mouvement afin de leur laisser un minimum de place. Et, bien sûr, vos crises vont devenir de plus en plus ingérables. Vous serez mentalement et physiquement épuisé.

Allégez votre agenda. Il est grand temps de penser à vous.

Exemple

Je reçois beaucoup de couples qui me disent ne pas arriver à avoir d'enfants malgré des examens médicaux parfaits. Lorsque je les interroge sur leurs emplois du temps respectifs, certains connaissent déjà la réponse sans s'en rendre compte : « Nous travaillons énormément », « Nous sortons beaucoup les week-ends », etc. Où situer la future place d'un bébé dans une vie certes palpitante mais comptée et frénétique ? Nulle part. L'esprit est parfois assez malin pour signaler au corps que le moment est mal choisi pour enfanter. En ce qui vous concerne, bébé ou non, le constat est le même : votre rythme de vie joue sur vos émotions et sur vos angoisses. Ralentissez si vous courez dans tous les sens. Laissez de l'espace pour vous occuper de vous et vous reposer.

Si vous avez l'impression au contraire de tourner au ralenti, cloué chez vous, c'est votre esprit sans aucun doute qu'il faut apprivoiser, car vous vous sentez comme un lion en cage qui cogite en permanence sur les désagréments de ses crises d'angoisse.

Corps et esprit vont s'harmoniser au gré des exercices que vous mettez en pratique.
Il existe une règle importante dans la vie de tous les jours :

« Ayez de la compassion pour vous et pour les autres. »

Notez qu'il s'agit avant de vous et ensuite des autres.

Soyez d'abord bon avec vous-même !

Si vous êtes quelqu'un d'empathique, toujours prêt à rendre service, bénévole dans une association, c'est parfait. Continuez ainsi à avoir cette belle mentalité. Toutefois, comment pourriez-vous être utile aux autres si vous ne vous sentez pas bien ? Si vous prenez soin de vous en priorité, ceux que vous aidez s'en trouveront également mieux.

Ne cherchez pas d'excuses comme le fait que votre patron ne pourrait supporter une baisse de productivité de votre part. Ou que votre conjoint ne comprendrait pas que vous vous reposiez tandis que lui travaille comme un forcené. Dans les deux cas, c'est vous qui auriez raison. Si votre état empire, ni votre employeur ni vos proches ne seront gagnants. Levez le pied. C'est de votre vie dont il s'agit.

Si vous êtes actif, rien ne vous empêche d'aller travailler, surtout si vous n'avez vécu que très peu de crises. Ne vous faites pas arrêter systématiquement en pensant éviter toute situation où, peut-être, vous seriez susceptible de subir une crise d'angoisse ou de panique. Ne fuyez pas ! Vous seriez coincé à la maison entre vos quatre murs à cogiter toute la journée. Même remarque si vous pratiquez un hobby. Allez-y ! Mais s'il s'agit d'un entraînement de forçat ou d'un marathon intellectuel, refusez l'invitation. Prenez du plaisir sans forcer.

N'oubliez pas : vous êtes dans une étape d'attaque. Vous devez donc prendre des décisions extrêmes pour votre bien-être.

Ne vous surmenez pas !

Vous surmener est déconseillé.

Notez bien que la télévision n'est pas votre meilleure alliée. Encore moins les jeux vidéo. Allongez-vous, lisez, rêvassez, fermez les yeux, dormez, etc. Mettez-vous en mode hibernation.

Et là, j'entends des sifflements dans mes oreilles qui m'alertent sur ce que pensent certains de mes lecteurs : « Facile à dire ! Avec les enfants, le travail et le quotidien de la maison, impossible de faire autrement ! » Je comprends cet argument. Il fut un temps de ma vie où je passais entre trois et quatre heures par jour en voiture dans les embouteillages de la région parisienne pour travailler entre cinquante et soixante heures par semaine, certes pour un job passionnant, mais où je savais que je ne tiendrai pas longtemps. La vie est faite de choix et de priorités. Si vous lisez ce livre, c'est que vous êtes en souffrance ou que vous êtes proche de quelqu'un qui l'est. Dans ce dernier cas, aidez cette personne. Prenez en charge certaines contraintes de la vie quotidienne pour la décharger. Elle doit déjà apprendre à contrer ses crises d'angoisse. Vous êtes l'un des appuis dont nous avons déjà parlé (page 49). Dans le cas où vous vous sentez bien seul à tout gérer, apprenez à classer vos priorités. Restez moins longtemps au travail, ralentissez le rythme des activités, déléguez davantage, etc.

Attention : ne restez pas enfermé entre vos quatre murs toute la journée. Il s'agit de vous reposer et non d'abandonner toute activité.

6ᵉ phase : mangez correctement

Lorsqu'on n'est pas très en forme, nous cherchons à compenser notre mal-être en se faisant plaisir. Si vous êtes un épicurien de la nourriture, je vous conseille de ne pas surcharger votre organisme en graisses saturées et en sucres rapides. Je vous rappelle que vos crises d'angoisse et de panique ont une origine traumatique. **Il est l'heure de vous sentir bien dans votre corps et dans votre esprit**. Faites attention à ce que vous avalez afin d'alléger la charge de travail de vos cellules.

Évitez, s'il vous plaît, les fast-foods, les plats gras et riches ainsi que les bonbons. Le secret, comme en toute chose, est de ne pas sombrer dans les extrêmes. Un hamburger par semaine est acceptable. Si c'est tous les jours, en revanche, vous ne vous aidez pas. Pour certaines personnes, un seul repas composé de graisses saturées par semaine peut menacer leur santé physique.

EN PRATIQUE

Détoxifiez votre foie

Une bonne attitude à adopter et qui nous vient de la médecine traditionnelle indienne, l'ayurvéda, est de détoxifier votre foie en prenant tous les matins, à jeun, un grand verre d'eau bien tiède. Faites chauffer cette eau dans une casserole ou dans une bouilloire. Ne prenez pas l'eau chaude directement du robinet.

Ajoutez-y le jus d'un demi-citron biologique (vous éviterez les pesticides) tous les trois jours.

Le foie est également symboliquement le siège des émotions, dont la colère. Vous gagnerez à prendre soin de cet organe, qui est le plus volumineux que vous ayez et qui pèse plus de deux kilos !

Retenez que votre organisme a besoin d'être nourri sainement durant toute la période de vos crises, fruits et légumes compris ! Tout est question d'équilibre. Je ne vais pas vous demander de vous mettre à la diète. Évitez simplement les excès alimentaires. Ralentissez la consommation de certains aliments et privilégiez ceux qui sont plus bénéfiques pour diminuer vos crises d'angoisse. Si vous craquez pour un verre de vin et une part de flan, ne vous cognez pas la tête contre les murs en vous disant que vous ne vous en sortirez jamais. Car ce n'est tout simplement pas vrai !

Aliments à bannir, ou à fortement réduire

Les sucres raffinés

Bonbons, sodas et autres desserts sucrés font varier dramatiquement votre taux de glycémie dans le sang. Vous êtes boosté, puis d'un seul coup votre corps est complètement à plat. Dans le cas de crises d'angoisse, nous cherchons à regagner l'harmonie sur le long terme et non à gagner un 100 mètres.

Les alcools

Qu'il est bon de sentir cette très légère ivresse vous gagner après un verre ou deux d'alcool… Mauvaise idée ! En effet, l'alcool désinhibe, mais fait aussi resurgir les angoisses, y compris celles bien cachées au fond de votre esprit. À éviter absolument.

La caféine

Un excitant bien connu qui stimule le système nerveux. Super, sauf que votre système nerveux est déjà mis à mal par votre anxiété. Mieux vaut que vous vous passiez de cafés pendant un certain temps. Prenez-les décaféinés si vous êtes accro et ralentissez leur consommation dans tous les cas.

Les aliments amis

Mangez le plus possible des aliments biologiques. Vous n'imaginez pas les traitements chimiques, aussi bien pour faire pousser les fruits et légumes plus rapidement, que pour prévenir les maladies, qui sont infligés à notre nourriture. Les grandes enseignes se mettent au bio à des prix raisonnables.

Voici une liste d'aliments qui vous seront bénéfiques.
Si vous détestez un aliment en particulier, inutile de vous forcer. Encore une fois, cet ouvrage n'est pas un livre de torture !

Le chocolat noir

Préférez celui qui renferme au moins 70 % de cacao. Le magnésium qu'il contient aide à lutter contre le manque d'énergie. Et puis, il y a le plaisir à le manger, bien sûr !

Les poissons gras comme le saumon

Pour leur apport en oméga-3 qui renforcent notre taux de mélatonine, l'hormone du sommeil et de nos rythmes biologiques, les saumon, thon, harengs… sont bénéfiques. Malheureusement, les poissons sont aussi les premières victimes de ce que l'homme rejette dans la mer. Mangez-en, mais pas tous les jours.

L'ail

Formidable pour l'haleine, l'ail n'en est pas moins un excellent antistress ! Il contient entre autres du magnésium, encore lui, et du fer. C'est un aliment très complet et bénéfique qui mériterait un livre à lui tout seul.

Les fruits secs

Riches en minéraux, en fibres et en vitamines, ce sont d'excellents alliés pour lutter contre vos angoisses.

Les aliments complets

Ils contiennent du magnésium et des tryptophanes, précurseurs de la sérotonine, messager chimique ayant un rôle dans la régulation de l'humeur.

La liste pourrait être longue. Encore une fois, comme vous le constatez, il y a une certaine logique dans ces quelques exemples. Privilégiez les aliments sains et réduisez fortement les autres.

TRUCS ET ASTUCES

Sniffez… des huiles essentielles

J'inclus dans cette partie les huiles essentielles. Non pas qu'il faille les avaler, mais les sentir.

Le principe est simple : rendez-vous chez un vendeur d'huiles essentielles où des testeurs sont disponibles. Sentez quelques huiles essentielles et retenez celle qui vous procure le plus grand bien-être. Ce peut être l'orange, qui vous rappelle les champs d'orangers de votre enfance, par exemple. Associez l'huile essentielle à un souvenir ou à un événement agréable.

Achetez cette huile essentielle et, chaque fois que vous aurez un petit coup de blues, de fatigue ou que vous sentirez l'angoisse monter, humez son odeur qui vous procurera un tel plaisir que vous en oublierez presque vos peurs. Cette douce sensation d'être dans un cocon vous réconfortera. C'est extrêmement efficace.

7e phase : ralentissez votre rythme de vie

Si vous êtes du genre à courir dans tous les sens, posez-vous. Dans le cas où vous me rétorqueriez que vous n'avez pas le temps, je répondrai qu'une nouvelle organisation est nécessaire. Chassez de votre agenda tous ces micro-instants qui polluent votre quotidien, qui morcellent votre rythme de vie et vous font perdre un temps précieux. Je vous suggère de l'optimiser en éliminant les tâches superflues. Prenez-en conscience et vous aurez fait un grand pas en avant.

Couchez-vous à des heures régulières. Sortir danser, faire la fête avec des amis plusieurs fois par mois, regarder la télévision jusqu'au bout de la nuit, participer à des activités aux horaires décalés, passer vos week-ends complets hors de chez vous, etc. n'est pas recommandé tant que vous souffrirez de crises d'angoisse et de panique. Oui aux sorties, bien sûr, mais avec mesure. Il est vital de vous poser.

Votre emploi du temps

Je vous propose l'exercice suivant : **inscrivez ici votre emploi du temps des 7 prochains jours** en toute honnêteté et sans culpabiliser. Commencez dès le lendemain. Notez simplement ce que vous ferez sans indiquer les heures.

Exemples :

Jour 1

Lever, petit déjeuner, emmener enfants à l'école, cours de peinture, courses, déjeuner, sieste, repassage, enfants école, goûter, devoirs, dîner, vaisselle, télé, etc.

Jour 2

Lever, sortie du chien, petit déjeuner, transport en commun, travail, déjeuner, travail, courses, pressing, cours de zumba, dîner, etc.

Vous avez compris le principe. À vous !

....

Jour 1

....

....

Jour 2

....

....

Jour 3

....

....

Jour 4

....

....

Jour 5

....

....

Jour 6

....

……………………………………………………………………………………

……………………………………………………………………………………

Jour 7

……………………………………………………………………………………

……………………………………………………………………………………

Faites ensuite le point en aménageant votre emploi du temps. Si vous êtes en couple ou entouré de votre famille, arrangez-vous pour trouver des créneaux de repos.

Élaguez lorsque votre emploi du temps est surchargé. Un cours de zumba suivi d'un verre entre amis avant le cinéma et un petit restaurant est une accumulation d'activités qui nuit à la disparition de vos crises d'angoisse. Faites des choix.

8e phase : sortez de chez vous tous les jours

Voici sans doute l'un des exercices les plus difficiles à mettre en application. Je pense notamment à ceux qui ont des crises d'angoisse depuis des mois, voire des années. Faire un pas à l'extérieur de chez vous non accompagné vous tétanise. Vous avez sans doute peur de vous sentir mal et de subir les foudres d'une crise dévastatrice qui va vous clouer sur place. Je comprends. Toutefois, les conseils précédents vont vous aider à franchir le pas. C'est pourquoi cet exercice est la dernière phase de cette étape.

Comme vous l'avez sans doute pressenti, je vous demande de sortir seul de chez vous au moins une fois par jour. Pour certains d'entre vous, ce sera très facile et pour d'autres, un cauchemar. Dans tous les cas, faites-le.

Que ce soit pour marcher dix mètres et revenir chez vous ou pour aller travailler durant toute une journée, l'important pour moi (et surtout pour vous) est que vous sortiez. Faites-vous violence. Acceptez que votre tête tourne, que vos jambes flageolent et que votre esprit vacille. Aucune excuse. **Qu'il vente, qu'il pleuve ou qu'il neige, aérez-vous en dehors des limites de votre habitation.**

Ne vous isolez pas

Si je vous prodigue ce conseil, ce n'est certainement pas pour que vous oxygéniez vos poumons. Dans le cas où vos crises d'angoisse ne font que commencer, vous pourriez même trouver cette recommandation bizarre. Effectivement, pour le commun des mortels, une journée sans sortir peut être reposante. Mais, malheureusement, vous ne faites plus partie de cette caste de privilégiés. Temporairement en tout cas.

Vous souffrez d'une pathologie qui menace de vous enfermer à tout jamais entre vos quatre murs.

Comme je l'ai déjà expliqué, si l'intensité et la fréquence des crises s'amplifient à des endroits différents, vous finirez par ne plus aller nulle part. Votre seul refuge restera votre lieu d'habitation. Enfin, c'est ce que vous pensiez car, un jour, vous pourriez très bien subir une crise d'angoisse dans l'une des pièces de votre maison ou de votre appartement. Petit à petit, vous éviterez de vous y rendre. Si c'est une cave, vous pourrez sans doute gérer le fait de ne plus vous y rendre.

En revanche, imaginez que vous ne puissiez plus vous rendre aux toilettes, dans la salle de bains, la chambre, le salon ou la salle à manger…

Nous allons tout de suite éviter cette situation extrême. Si vous êtes déjà arrivé à ce stade, appliquez soigneusement tous les conseils précédents et mettez un pied hors de chez vous. Au début, faites-vous accompagner par l'un de vos appuis (voir page 49). Puis laissez-le vous regarder de loin afin que vous marchiez de vos propres ailes. Enfin, sortez seul de chez vous. Mieux vaut que vous fassiez une dizaine de mètres et reveniez plutôt que de ne pas sortir du tout.

Si vous avez souffert d'une première crise d'angoisse suivie d'une panique, réagissez vite. Dès le lendemain, sortez de chez vous.

Ne trouvez aucun prétexte. Quelle que soit la météo ou la situation, mettez le nez dehors !

À vous de jouer !

Où sortirez-vous demain ?

……………………………………………………………………………

Après-demain ?

……………………………………………………………………………

Lorsque vous reviendrez, que ce soit après cinq minutes ou dix heures d'absence hors de chez vous, félicitez-vous !

Encouragez-vous :

« Génial, j'ai réussi ! »

« Je suis le meilleur ! »

« Super, j'ai vaincu mon angoisse ! »

Comme toujours, **restez dans l'affirmative et le présent.** Évitez : « Je n'aurai plus de crises d'angoisse. »

Cette remarque est valable à tous les stades de votre rétablissement. Chacune de vos petites victoires est un pas de plus vers votre triomphe.

À force de pratiquer l'autocongratulation, vous renforcerez votre mental.

EN RÉSUMÉ

Voici les points essentiels de cette deuxième étape :

1. Insultez vos angoisses.
2. Tenez-vous droit.
3. Reliez-vous à la Terre tous les matins pendant 30 secondes.
4. Respirez : pratiquez la cohérence cardiaque trois fois par jour.
5. Reposez-vous.
6. Alimentez-vous correctement et respirez une huile essentielle.
7 Ralentissez votre rythme de vie.
8. Sortez tous les jours de chez vous.

Voici le schéma classique des actions à entreprendre. Une fois guéri, à la moindre alerte, vous insulterez copieusement vos angoisses ridicules qui pointent le bout de leur petit nez. Tenez-vous droit et vous soulagerez votre corps du manque d'air. Respirez correctement afin d'améliorer votre résistance au stress et à la déprime sans médicaments. Enfin, évitez le burn-out dans tous les domaines de votre vie.

Vous êtes un être humain. Lorsque vous tirez trop sur la corde, tout votre être vous rappelle à l'ordre. Prenez soin de lui et il prendra soin de vous.

Pendant combien de temps devez-vous suivre ces conseils ?

Toute votre vie, bien sûr ! Enfin presque. Nous verrons à la fin de ce livre comment gérer votre vie d'après-crises.

CHAP. 6

ÉTAPE 3 : LA CONSOLIDATION

« Tout obstacle renforce la détermination. Celui qui s'est fixé un but n'en change pas. »

Léonard de Vinci

Passons à l'étape 3 de votre plan de bataille afin de consolider votre état et renforcer vos capacités à vaincre vos angoisses.

IMPORTANT !

Soit vous avez du temps pour vous et je vous conseille alors d'appliquer ces conseils immédiatement en complément des exercices de l'étape précédente.
Soit vous n'avez pas trop de temps pour X raisons, dont le travail, les enfants, etc. et, dans ce cas-là, je vous conseille de commencer à les appliquer sept jours après ceux de l'étape précédente. Notez bien que c'est une obligation. Je vous donne sept jours de délais afin de vous organiser et de vous mettre dans la tête qu'il faudra impérativement trouver du temps pour appliquer ces conseils. N'oubliez pas pourquoi vous êtes là, en ce moment même, occupé à lire ce livre. Si cela peut vous motiver, rappelez-vous l'effet dévastateur d'une crise d'angoisse. Il est par ailleurs tentant à ce stade de se dire que la crise est passée, que désormais, tout va bien et qu'*a priori*, ces exercices sont donc inutiles. Grave erreur. Jusqu'ici, nous avons bâti les fondations et monté les murs. Reste à construire le toit et à installer deux ou trois autres accessoires pour que vous soyez vraiment à l'abri.
Merci de votre implication dans l'accomplissement de votre succès !

1er phase : pratiquez un sport

Passez par la case médecin au préalable si vous n'avez pas pratiqué de sport depuis longtemps. Même si vous êtes un sportif aguerri, méfiez-vous du printemps, saison meurtrière

où les infarctus fleurissent chez ceux qui reprennent sans préparation une activité après avoir diminué le nombre d'entraînements en automne et en hiver.
Choisissez à présent un sport qui vous fasse transpirer. Vous devez bouger ! Jogging, marche nordique, vélo, zumba… peu importe. Faites-vous plaisir. Mais mouillez le maillot !
À ceux d'entre vous pour qui le monde extérieur est encore anxiogène, pratiquez chez vous. Vélo d'appartement, cours de gym sur Internet, tapis de course, etc. Si vous avez la chance d'avoir un grand terrain, sortez et faites du sport dans votre jardin.
L'important dans ce conseil n'est pas de vous amener à vous inscrire à un club, mais de vous faire remuer et de fortifier votre condition physique, en particulier votre système cardio-vasculaire.

À RETENIR

30 minutes, pas plus !

La pratique d'un sport est un excellent moyen de mieux résister au stress. Mais il y a une seule condition et elle est de taille : ne pratiquez pas plus de 30 minutes de sport d'affilée. Au-delà, la pratique devient anxiogène ! Pourquoi ? Si vous êtes déjà très sportif, vous savez que la simple idée d'avoir un petit bobo qui pourrait vous empêcher de pratiquer est source de grandes angoisses, tout simplement car c'est devenu une drogue dont vous ne pouvez plus vous passer. Autrement dit, si vous débutez, ne vous lancez pas dans des entraînements de plusieurs heures, sinon vous angoisserez le jour où vous serez contraint de ne pas pouvoir pratiquer de sport. Restez sous la barre des 30 minutes. Il est préférable de vous entraîner trois fois 30 minutes par semaine qu'une fois pendant 1 heure 30.

Félicitez-vous après chacune de vos séances. L'esprit de compétition renforcera votre volonté.

Si, au début, vous ressentez les symptômes d'une crise d'angoisse, comme la tête qui tourne, ne vous arrêtez pas. Poursuivez en appliquant le premier remède : insultez vos angoisses ! (Voir page 55.)

Persévérez dans la pratique d'un sport qui vous fait bouger, vous résisterez ainsi mieux aux angoisses. Vous vous préparez aussi déjà à l'après, lorsque vous serez guéri, afin de vous prémunir contre le retour des crises.

2e phase : relaxez-vous

Facile à dire, mais pas à mettre en pratique. Vous êtes dans une étape de votre vie où vous détendre est pour le moins compliqué. L'état de stress dans lequel vous baignez depuis votre première crise d'angoisse ou de panique est tel qu'il vous semble impossible à contrôler. Vous rêvez de retrouver une vie normale sans peurs, mais la tâche paraît insurmontable.

Le conseil semble donc simple, presque naïf. Il fait toutefois partie des pierres angulaires de cette méthode.

En pratique

Procurez-vous un CD de relaxation dirigée. En quoi cela consiste-t-il ? Vous êtes allongé au calme, les yeux fermés. Une voix vous accompagne vers un état de profonde détente. La plupart du temps, la relaxation est scénarisée. Par exemple, vous serez au bord de la mer, bercé par le rythme des vagues.

Choisissez votre CD avec soin :

- La voix de la personne qui parle doit vous plaire. Si elle vous agace, écoutez-en un autre avant de l'acheter.
- La durée des pistes d'écoute ne doit pas dépasser 20 minutes. En effet, comme vous l'avez remarqué, vous devrez pratiquer plusieurs exercices et mettre en place de nouvelles habitudes de vie qui prennent du temps. Je pense au sport notamment. L'important est de ne pas vous sentir débordé par toutes les tâches à accomplir.
- Choisissez un ou plusieurs scénarios qui vous plaisent. Si le bruit de l'eau qui coule vous est insupportable, évitez d'acheter le CD où vous serez immergé au bord d'un ruisseau.

Écoutez ce CD une fois par jour. Inutile d'aller au-delà de cette fréquence. Encore une fois, accordez-vous du temps. Je préfère que vous appliquiez chacun des exercices de ce livre plutôt que d'en privilégier un seul.

TRUCS ET ASTUCES

Variez les CD

Si vous en avez marre d'entendre le bruit des oiseaux, procurez-vous un deuxième CD. Certains comportent même plusieurs scénarios différents. Avant tout, faites-vous plaisir. Ce moment de relaxation reste un moment de profonde compassion pour vous-même. Vous envoyez un message de sérénité à votre esprit et à votre corps. Ils vous en remercieront.

Au début, il se peut que vous ayez hâte que votre écoute de relaxation se termine. Vous pourriez avoir le sentiment de perdre votre temps. Vous penserez à tout autre chose qu'à vous détendre, les factures à payer, un rendez-vous à honorer, une tâche à effectuer, etc. Votre esprit bouillonnera. Qu'importe ! Plus vous vous accrocherez et plus vous éprouverez du plaisir à suivre la voix qui vous emporte vers une douce félicité.
Si vous êtes quelqu'un de très dynamique, hyperactif, qui a du mal à rester en place, l'exercice vous paraîtra dans les premiers temps sans aucun doute un peu difficile. Persévérez. Il arrivera un moment charnière où le plaisir surpassera l'ennui. Pratiquez une fois par jour, tous les jours, ou au moins tous les deux jours.

3e phase : créez un ancrage de bien-être

Comme je l'ai déjà écrit, cet ancrage-là n'a rien à voir avec l'exercice qui consistait à se relier à la Terre que nous avons vu précédemment (page 60).
Il consiste à marquer le coup, à rappeler à votre corps et à votre esprit, le jour où ils seront moins en forme, combien vous avez été à un moment clé de votre vie dans un état de bien-être absolu.

Comment faire ?

C'est très simple ! Au moment où vous vous sentirez très détendu, pincez l'un de vos doigts avec deux doigts de l'autre main. Assez fort pour que vous le sentiez, mais bien

entendu sans vous faire mal. Le but est d'ancrer cet instant dans votre mémoire.
Répétez ce geste une fois après chaque écoute du CD si vous vous sentez en pleine forme. Si le CD vous a agacé et que vous vous pincez le doigt, vous ancrerez la notion d'énervement… À éviter absolument.
Vous pouvez renforcer cet ancrage en vous pinçant le même doigt à un autre moment où vous vous sentez serein. Par exemple, lors d'une promenade au bord de mer ou à la montagne, lors d'un dîner en amoureux, ou encore en voyage dans un lieu magique !

Le plus important est de renforcer cet ancrage souvent. Dès que vous êtes dans un état de pure plénitude, pincez votre doigt.
Le jour où votre niveau d'angoisse remonte, touchez le doigt que vous aviez pincé. Ainsi, vous rappellerez à tout votre être, grâce ce signal, combien il est bon d'être optimiste, détendu et dépourvu d'angoisses comme durant ces jours merveilleux où vous l'aviez pincé. Ce geste va contrecarrer votre crise qui est en train de monter.
Allez chercher l'huile essentielle que vous vous êtes procurée (voir page 72) et faites l'essai. Sentez-la, associez-lui un souvenir heureux et pincez-vous l'auriculaire de la main gauche avec deux doigts de la main droite.
Vous êtes ensuite entouré de vos amis et passez un bon moment, renforcez votre ancrage en le pinçant de nouveau, au même endroit.
Au bord de la mer, vous regardez votre conjoint et vos enfants heureux, vous levez les yeux vers le ciel sous un soleil radieux ? Pincez encore.

Réunion au travail. Pression de toute part. Ras-le-bol général. Vous sentez poindre la crise d'angoisse. Caressez votre auriculaire à l'endroit où vous vous êtes pincé. Vous allez immédiatement ressentir les mêmes sensations que les jours où vous l'avez pincé, soit un concentré de plaisir, d'amour et de joies variées.
Poursuivez l'exercice tant que vous souffrez de crises.

4e phase : creusez la ou les causes de vos angoisses

Nous avons commencé ce travail durant l'étape préparatoire (chapitre 4). Nous allons à présent aller au fond des choses et trouver à coup sûr la ou les causes de vos crises d'angoisse et de panique.
Nous l'avons vu, à l'origine de votre première crise, se cache un traumatisme émotionnel ou physique. Parfois les deux. Suivi d'une grande fatigue. Le tout s'est accumulé insidieusement ou très clairement jusqu'à épuiser votre mental, qui a déclenché vos crises d'angoisse.
Il est temps de repérer ces moments déclencheurs.

Effectuez un travail d'introspection

Que faisiez-vous dans les six mois qui ont précédé votre première crise ? Avez-vous été malmené au travail ? Avez-vous subi un choc émotionnel ? Avez-vous manqué de sommeil ? Étiez-vous stressé ou déprimé ? Vous rappelez-vous d'événements compliqués à gérer, en famille, entre amis ou entre collègues ?

Notez vos trouvailles ci-dessous :

....

....

....

....

Un jour, une personne est venue me voir en se demandant comment elle avait pu en arriver là, aussi angoissée et fatiguée comme jamais elle ne l'avait été, alors que ses amies la décrivaient comme quelqu'un de très dynamique. Après lui avoir posé quelques questions, j'appris qu'elle participait, à l'âge de 74 ans, à une dizaine d'activités différentes, sans compter celle qui consistait à s'occuper de son mari au caractère bien trempé, qui ne lui laissait **selon elle** aucun répit. Deux ou trois prises de bec, **selon elle** sans importance, avec des membres de sa famille ont fini par avoir raison de sa capacité de résistance au stress.

Comme cette femme, ouvrez les yeux. Prenez conscience, durant ces six mois, des événements marquants et potentiellement traumatisants qui ont jalonné votre parcours de vie.

Vos habitudes ont pu jouer également. Vous couchez-vous trop tard ? Mangez-vous sainement ?

Un de vos appuis peut vous aider à réaliser cet exercice. En effet, parfois nous n'avons pas le recul nécessaire pour réaliser ce qui ne va pas ou ce qui n'a pas été à un moment donné de notre vie. Son aide sera précieuse.

Encore faut-il entendre ce qu'il vous dit et ne pas le juger ou l'accuser d'être de mauvaise foi. Écoutez sans colère ce qu'il a à vous dire. Peut-être vous trouve-t-il agressif ou trop gentil, hyperactif ou d'une lenteur exaspérante, fatigant ou fatigué, etc. Il peut vous aider à retrouver cette phrase qui vous était adressée par un de vos proches, qui semblait anodine mais qui vous a heurté au plus profond de votre chair.

Une fois les causes possibles écrites sur un papier, relisez la liste et évitez impérativement de répéter ces erreurs.

5e phase : coupez la source du stress

Certaines personnes, nous l'avons vu, ont un emploi du temps surchargé. Elles prennent rendez-vous sur rendez-vous, professionnels ou de loisirs. Les activités et les rencontres s'enchaînent, parfois à des heures tardives. Elles ne voient pas le temps passer et ne consacrent aucune minute à leur propre bien-être. Au lieu de cela, elles participent à des œuvres caritatives, aident sans cesse leurs amis, sont toujours les premières à dépanner ceux qui réclament de l'attention. Ces personnes sont en permanence dans l'action, et par là même s'oublient complètement.

Rappelez-vous bien ce précepte de vie important :

Ayez de la compassion pour vous et envers les autres.

Relisez-le cinq fois, calmement, en articulant bien chaque mot.
Que signifie ce précepte capital ?
De prendre soin de vous.

Si vous vous reconnaissez dans le portrait ci-dessus, posez-vous cette simple question :
Que cherchez-vous à fuir pour occuper ainsi votre esprit et votre corps ?

Ralentissez impérativement votre rythme de vie tant que vous avez des crises.

Fuyez les pessimistes !

D'autres personnes entretiennent des relations destructrices. Elles côtoient des manipulateurs, des gens extrêmement négatifs, ou tout simplement des personnes qu'elles n'apprécient pas !
En ce moment, vous avez besoin de bonnes pensées, positives et remplies d'optimisme. Ne soyez pas masochiste ! Préférez la compagnie de personnes souriantes, ouvertes, qui vous écoutent et vous encouragent. Pour quelles raisons mystérieuses voudriez-vous discuter avec quelqu'un qui vous parle à longueur d'année de ses malheurs et de sa misérable vie ? Si cette personne avait le moindre sens de l'amitié, elle vous aiderait à aller de l'avant sans mettre sa négativité au premier plan de vos discussions. Vous n'avez absolument pas besoin d'entendre ça, en ce moment.

Il est courant d'être déprimé lorsqu'on souffre de crises d'angoisse. Faites le ménage dans vos relations. Il sera toujours temps, lorsque vous irez mieux, d'écouter à nouveau, à très petites doses, les malheurs des autres. En attendant, souriez et riez ! Entourez-vous de soleil et non de grisaille.

Comment va votre vie professionnelle ?

Évoquons, pour terminer, votre travail. Est-ce que vous vous levez de bonne humeur le matin pour vous y rendre ? Y a-t-il des tensions ? Avez-vous un projet, un rêve professionnel en tête que vous n'osez pas entreprendre ? Êtes-vous victime de harcèlement ?

En bref, que faire si vous n'êtes pas heureux professionnellement ?

Évidemment, il ne s'agit pas de donner votre démission. Autrement dit, si vous travaillez trop, commencez par ralentir le rythme. Si certains de vos collègues passent leur temps à vous raconter combien leur travail est le pire qui soit, n'y prêtez qu'une oreille très lointaine. Ne vous impliquez pas. Ne rentrez pas dans leur jeu en racontant vos propres désillusions. Ce serait une suite sans fin de plaintes et de stress. Éloignez-vous ! Préférez la compagnie, nous l'avons vu, de personnes optimistes.

Si le problème est humain, parlez-en à votre hiérarchie. Si la hiérarchie est la source du problème, les autres exercices de ce livre vont vous permettre de **prendre du recul**. La colère est mauvaise conseillère en ce moment. Il sera toujours temps de régler vos comptes en douceur une fois vos crises d'angoisse terminées. Vos propos pourraient vite dépasser vos pensées, vous mettant dans un embarras difficile, aux conséquences néfastes pour votre guérison. Inutile de vous créer une source de stress, de nervosité et de fatigue supplémentaire.

6e phase : riez

Comment esquisser le moindre sourire quand on souffre de crises d'angoisse ? Vous allez voir, c'est plus simple qu'il n'y paraît !

Dans un premier temps, regardez les personnes autour de vous et ce qu'il se passe dans le monde. **Prenez du recul.** Il ne s'agit pas de lancer un laconique : « Oui, c'est vrai, il y a pire que moi », mais de relativiser votre état. Vous n'êtes pas mourant. Demain, vous serez encore en vie. Certes, une crise d'angoisse n'est pas agréable, mais la douleur physique est tout à fait gérable. Votre mental s'affole, mais vous n'êtes pas interné. Si vous êtes entouré, pensez à ces gens qui vous accompagnent, à vos appuis (page 49). Pensez à votre famille et à vos amis. Vous vous sentez seule ? Voyez le ciel bleu, un sourire croisé dans la rue ou la beauté d'un paysage que vous ne remarquez même plus à force de passer devant.

Soyez attentif aux signes positifs de la vie quotidienne.

En pratique

- Regardez des films, des dessins animés ou des séries qui vous donneront envie de rire.
- Lisez des blagues sur Internet.
- Côtoyez des gens marrants.

Voici deux exercices efficaces :

1. Tous les matins après votre ancrage au bord du lit (voir page 61), dirigez-vous vers la salle de bains. Regardez-vous dans le miroir et forcez-vous à sourire. Étirez les

extrémités de vos lèvres vers l'extérieur de votre visage. Votre mental va vous faire rire. Faites l'essai !

2. Mettez-vous un élastique autour du poignet. Peu importe la couleur. Chaque fois que vous aurez une pensée négative, tirez dessus. *Aïe !* Et ayez immédiatement une pensée positive.

Exemples :

- « Mon chef est un emmerdeur. » Je tire sur l'élastique. *Aïe !* « La couleur du ciel est magnifique aujourd'hui. » Je souris.
- « Il n'a pas encore mis la table. » Je tire sur l'élastique. *Aïe !* « J'aime quand il me prend dans ses bras. »

C'est plus agréable, non ? Pour y arriver, ça demande un travail régulier, mais avouez que le temps que cela réclame est infime en comparaison des bénéfices que vous en tirerez.

EN RÉSUMÉ

Nous voici au terme de cette troisième étape, dont voici les points importants :

1. **Pratiquez un sport.**
2. **Relaxez-vous.**
3. **Créez un ancrage de bien-être.**
4. **Creusez la ou les causes de vos angoisses.**
5. **Coupez la source du stress.**
6. **Riez !**

Check-list des étapes 1, 2 et 3

Stop !

Nous y sommes presque.

Avant de poursuivre à l'étape suivante, nous allons vérifier que tout se passe bien et que vous suivez correctement les conseils que je vous ai donnés jusqu'à présent.

Cochez les cases lorsque vous avez validé l'étape correspondante.

☒ ***1. Faites une vérification médicale***

Vous avez consulté un médecin qui vous a confirmé le diagnostic. Vous êtes à présent certain que vous souffrez de crises d'angoisse. Le plan de bataille peut être mis à exécution.

☒ ***2. Soyez hypermotivé***

Prêt à combattre et à gagner la bataille contre vos crises, rien ni personne ne peut vous arrêter. Votre mental est d'acier.

☒ ***3. Cherchez la source de vos angoisses***

Si vous subissez ces crises, c'est qu'il y a une raison personnelle et/ou professionnelle. Commencez à en dresser la liste.

☐ ***4. Acceptez vos symptômes***

Souhaitez la bienvenue à votre tête qui tourne, à votre cœur dont les battements s'accélèrent…

☒ ***5. Trouvez des appuis***

Membre de votre famille ou ami, demandez à quelqu'un de vous entourer, d'être présent tout simplement. Ne restez pas seul dans votre coin. N'ayez pas honte de cet ennemi invisible.

Choisissez entre deux et cinq personnes. Ces soutiens vous seront d'une aide précieuse, comme une béquille. Vous ne voyez personne qui pourrait vous épauler ? Pensez à demander une aide extérieure sociale, religieuse ou psychologique.

❑ 6. Insultez vos angoisses

Quelle que soit l'étendue de votre vocabulaire familier, faites-vous plaisir. Dès que les angoisses montent, insultez-les comme s'il s'agissait de vos pires ennemies. Elles le méritent !

❑ 7. Tenez-vous droit !

Soyez fier de l'être humain que vous êtes. Regardez devant vous, la colonne vertébrale bien droite. Ne fuyez pas le monde autour de vous. Bravez les premiers symptômes si le début d'une crise se manifeste, en particulier la tête qui tourne. Et insultez…

❑ 8. Reliez-vous à la Terre

Tous les matins, assis au bord de votre lit, imaginez pendant 30 secondes de grandes racines qui partent de vos cuisses jusqu'au centre de la Terre en traversant vos pieds. Elles vous maintiennent équilibré. Vous êtes d'une stabilité à toute épreuve. Sentez vos pieds plaqués au sol.

❑ 9. Respirez !

Pratiquez la cohérence cardiaque. Avec une montre ou une horloge devant les yeux, pendant 5 minutes, trois fois par jour, inspirez par le nez pendant 5 secondes en gonflant le ventre et expirez par la bouche pendant 5 secondes en contractant le ventre.

❑ 10. Reposez-vous

Consacrez-vous du temps où vous n'avez rien à faire. Fermez les yeux. Faites la sieste. Dormez. Si vous travaillez, ne forcez pas. Il est temps d'éprouver de la compassion pour vous. Ne comblez pas chaque seconde de votre temps par une activité en espérant échapper aux crises d'angoisse.

❑ 11. Mangez correctement

Évitez la surconsommation d'aliments gras et sucrés. Mangez des fruits et des légumes. Vos cellules ont besoin d'un coup de main pour vous sortir de là. Aidez-les à vous aider !

❑ 12. Ralentissez votre rythme de vie

Optimisez votre emploi du temps. Chassez de votre agenda tous ces micro-instants qui polluent votre quotidien, qui morcellent votre rythme de vie et vous font perdre un temps précieux.

❑ 13. Sortez de chez vous tous les jours

Seul de préférence. Peu importe que vous fassiez dix mètres à l'extérieur de votre domicile ou des kilomètres. En fonction du stade où en sont vos crises, l'important est de sortir. Chaque jour, sans faute. Vous pouvez tout à fait demander à l'un de vos appuis (conseil numéro 5) de vous regarder vous éloigner si ça peut vous aider. Mais il ne doit en aucun cas être à vos côtés en permanence.
Félicitez-vous à votre retour ! Encouragez-vous à vaincre ! Dites-vous que vous êtes le meilleur après chaque succès !

❑ 14. Pratiquez un sport

Oubliez la pétanque. Choisissez un sport qui vous plaise et qui vous fasse transpirer.

Rendez-vous chez votre médecin avant pour effectuer un bilan d'aptitude. Ensuite, pratiquez lors de séances qui dureront entre 15 et 30 minutes. Pour commencer, trois fois par semaine suffiront. Si vous en ressentez le besoin, augmentez la fréquence, mais ne dépassez pas 30 minutes de sport d'affilée !

❑ *15. Relaxez-vous*

Procurez-vous un CD de relaxation dirigée. Au mieux, au cours du premier mois, écoutez-le tous les jours, au pire tous les deux jours. Les plages musicales ne doivent pas dépasser 20 minutes. N'hésitez pas à varier les scénarios afin d'éviter l'énervement et l'ennui.

❑ *16. Créez un ancrage de bien-être*

Lorsque vous vous sentez extraordinairement bien, que vous baignez dans un état de complète sérénité et de bonheur, créez un ancrage. Pincez-vous l'auriculaire d'une main en ayant conscience de votre bien-être extrême. Lorsque vous vous sentirez angoissé, touchez le même auriculaire en vous remémorant le bien-être que vous ressentiez lorsque vous l'avez pincé.

❑ *17. Creusez la ou les causes de vos angoisses*

Plus d'échappatoire possible. Vous êtes dans l'obligation à ce stade d'effectuer une recherche poussée sur vos relations avec les autres et avec votre environnement. Faites la liste des événements émotionnellement marquants de l'année qui a précédé le début de vos crises. Faites-vous aider par vos appuis si nécessaire. Discutez-en avec eux.

❑ *18. Coupez la source du stress*

À présent que vous avez déterminé les raisons qui vous ont amené à souffrir de crises d'angoisse, il s'agit d'éviter que ces situations se reproduisent.

- Profitez-en pour fuir la compagnie de personnes pessimistes et négatives.
- Pratiquez les exercices précédents avec obstination.
- Ralentissez votre implication dans des activités chronophages et fatigantes, de loisirs ou au travail. Rappelez-vous que les cimetières sont remplis de personnes qui pensaient n'avoir jamais le temps de rien sinon de courir dans tous les sens. La vie s'est chargée de les arrêter. Prenez soin de vous.

❑ *19. Riez*

Entourez-vous de personnes souriantes et visionnez des films comiques. Regardez-vous dans la glace en vous forçant à sourire chaque matin. Et faites claquer l'élastique autour de votre poignet ! (Voir page 92.)

Je fais une pause

Vous venez de lire 19 conseils. Les avez-vous tous suivis ? Y en a-t-il certains que vous aimez moins et pourquoi ? Faites le bilan. À ce stade de la méthode, vous avez à votre disposition un grand nombre d'outils bénéfiques pour lutter contre vos crises.

....

....

....

....

....

....

....

....

....

Prêt pour la suite ?

Vous avez validé chacune des étapes de la check-list ? Bravo ! Enchaînons à présent avec d'autres outils complémentaires qui vous rendront un fier service.

CHAP. 7

ÉTAPE 4 : LES PETITS OUTILS AUX GRANDS POUVOIRS

« Si tu veux vivre heureux, sois-le. »

Proverbe chinois

Je vais maintenant vous présenter plusieurs pistes supplémentaires pour vous aider à améliorer davantage votre bien-être et vous débarrasser de vos crises d'angoisse et de panique.
Contrairement aux conseils prodigués dans les trois premières étapes, ils ne sont pas classés dans un ordre particulier et vous n'êtes pas obligé de les utiliser tous. Cependant, en vous servant systématiquement de ces quelques outils, sachez que vous mettez toutes les chances de votre côté pour améliorer et stabiliser votre état.
Vous constaterez qu'ils sont également très simples à mettre en œuvre. Alors, pourquoi vous en priver ?
Mon avis est que vous devriez **les utiliser tous durant au moins deux semaines** sauf l'un d'entre eux qui est optionnel et que je vous indiquerai. Si l'un de ces conseils ou un exercice ne vous convenait pas, arrêtez de l'utiliser mais donnez-lui au moins sa chance. Ne les jugez pas inutiles ou idiots. Ils ont leur rôle à jouer dans votre retour à une vie normale. Ils sont au nombre de six.

Tenez un journal intime

L'objectif est d'évacuer votre stress et de vous libérer d'un poids. Vous avez, au cours d'une étape précédente, repéré les causes de vos crises d'angoisse. Il est important à présent de s'en débarrasser. Pour cela, rien ne vaut l'écriture d'un journal intime. Il est silencieux et restera muet comme une carpe. Tous vos secrets y seront bien gardés.
Vous avez à votre disposition deux options : la première consiste à vous acheter un cahier et à y écrire. La deuxième à utiliser votre PC ou votre tablette.

Sur papier

Je vous conseille de brûler ou de passer au destructeur de papiers les feuilles que vous aurez écrites. Sinon, vous aurez toujours cette pensée envahissante que quelqu'un pourrait les lire, ce qui vous empêchera de vous libérer totalement avec franchise et sans tabous.

Sur PC, tablette ou smartphone

Le risque est moins grand d'y voir ses secrets lus par quelqu'un d'autre. Mettez un mot de passe ou procurez-vous un logiciel spécialement conçu pour cette tâche, que vous trouverez aisément sur Internet.

TRUCS ET ASTUCES

Règles à suivre pour la bonne tenue d'un journal intime

- Ne vous relisez jamais.
- Personne d'autre que vous ne doit lire votre journal intime. N'ayez pas la tentation de le partager avec vos proches, y compris votre meilleur(e) ami(e) jusqu'à la mort.
- Les fautes d'orthographe et de grammaire n'ont aucune importance. De même que le style et la syntaxe. Il ne s'agit pas d'un concours d'écriture, mais de libérer votre inconscient.
- Pratiquez tous les jours, tant que vous souffrez de crises d'angoisse et de panique. Vous pouvez écrire à des heures différentes chaque jour. La durée est libre. La première fois, vous aurez sans doute beaucoup à dire. Il n'est pas rare les premières fois d'écrire pendant au moins 30 minutes. Au fil du temps, vous aurez moins de choses à exprimer. L'important à ce stade est d'écrire sans vous censurer sur tout ce qui vous passe par la tête, en particulier ce qui vous encombre l'esprit.

- Ne jugez pas ce que vous écrivez. La moindre phrase a son importance. Vous êtes l'unique lecteur d'un livre que vous ne relirez jamais plus, alors à quoi bon commencer à cogiter sur le pourquoi du comment de vos écrits ? Jetez vos mots sur le papier ou le clavier sans vous soucier du reste.
- Ce journal intime vous accompagnera également une fois guéri. Ayez le réflexe, au moindre tracas, de vous confier à ce compagnon discret, qui ne vous jugera jamais.

Essayez. Vous verrez que vous vous sentirez plus léger ensuite, comme délivré d'un poids.
Rappelez-vous simplement ce détail très important : vous en êtes le seul lecteur !

Méditez !

Oui, je sais, c'est très à la mode. Il y a une raison : c'est une technique efficace ! La méditation a des effets très positifs sur le stress, et donc sur votre état de souffrance.
Vous trouverez plus loin un scénario pour vous aider à concilier relaxation et méditation.
Ne vous inquiétez pas. La technique est beaucoup plus simple qu'il n'y paraît. La méditation demande toutefois de la persévérance. Comme vous êtes motivé pour vous débarrasser de vos crises d'angoisse, ça ne posera aucun souci.
Commencez par créer une ambiance zen avec des bougies, de la musique douce… Coupez votre portable, la télé, la radio et autres perturbateurs. Si vous vivez à plusieurs sous le même toit, prévenez que vous ne voulez pas être dérangé pendant 15 minutes.
Si vous prenez goût à la méditation, vous êtes libre d'augmenter la durée de vos sessions. Cependant, dans ces

phases d'attaque où vous combattez de front vos crises, je vous suggère de ne pas privilégier l'un de mes conseils en particulier. Par exemple, ne pratiquez pas 30 minutes de sport tous les jours en vous disant que la méditation peut bien attendre. Ces deux activités ont chacune un rôle à jouer dans votre bien-être. Pensez à une construction en Lego® : toutes les pièces sont nécessaires même si certaines sont moins jolies ou agréables à poser que d'autres.
Il vaudrait mieux dans cet exemple pratiquer 15 minutes de sport et 15 minutes de méditation.

Méditation, en pratique

- *Asseyez-vous confortablement,* en tailleur ou sur une chaise. Ne vous faites pas mal. Les puristes vous diront qu'il vous faut apprendre à transcender votre souffrance si la position est douloureuse. Je pense que vous souffrez bien assez comme ça. Il sera toujours temps, une fois vos crises d'angoisse disparues, de méditer en tirant un peu sur vos articulations et sur vos muscles. Si vous choisissez une chaise, l'assise doit être ferme. Si vous préférez la position en tailleur, je vous conseille de mettre un coussin, ferme également, sous vos fesses pour vous surélever. Ce sera plus confortable.
- *Tenez-vous bien droit.* Cela doit vous rappeler un conseil que j'ai déjà donné, n'est-ce pas ? Vous tenir droit vous permet de mieux respirer. Votre colonne est donc rectiligne, tirée vers le haut.
- *Vos mains* sont, soit posées sur vos cuisses, paumes vers le bas ou vers le haut, soit positionnées l'une dans l'autre, paumes vers le haut.

- ***Vos yeux sont fermés.*** Au début de votre pratique, je vous conseille de les maintenir clos pour ne pas vous laisser distraire par votre environnement. Évitez d'ailleurs de méditer au milieu de votre salon pendant que les enfants jouent, que votre mari passe l'aspirateur ou que la télévision fonctionne. Méditez dans le calme. Lorsque vous prendrez goût à la méditation, vous pourrez laisser vos paupières mi-closes.
- ***Votre respiration est tranquille et zen.*** Prenez de petites inspirations par le nez et expirez en soufflant doucement par le nez ou par la bouche. Soyez le plus naturel possible. Ne dépassez pas 5 secondes à l'inspiration.
- ***Concentrez-vous sur votre souffle.*** Ayez conscience que vous respirez. Le conseil a l'air évident, mais le fait de respirer est tellement automatique que nous n'y prêtons aucune attention sauf si nous sommes gênés (toux, rhume, etc.).
- ***Prenez conscience que vous respirez.*** Dites-vous mentalement à chaque respiration sans forcer : « j'inspire, l'air monte, j'expire, l'air descend ».
- ***Laissez les pensées parasites arriver.*** C'est là que la méditation prend tout son sens. Elle va vous permettre de rester dans l'instant présent. Vous avez sans doute mille et une choses plus importantes à faire que de méditer. Telle facture à régler, Untel à appeler, regarder vos e-mails, ranger des papiers (ou les chercher !)… Bref, votre esprit va se charger de vous trouver toutes les excuses possibles pour ne pas vous concentrer sur votre souffle. C'est normal. Lorsque vous avez une pensée parasite, laissez-la venir, ne la chassez pas. Concentrez-vous doucement à

nouveau sur votre respiration. Ne vous énervez pas, ne culpabilisez pas. Les pensées parasites font partie de l'exercice.

On imagine très souvent, à tort, que la méditation consiste à ne penser à rien. Bon courage… La méditation permet au flot des pensées de ralentir. Et certainement pas de vous lobotomiser ! Au début, pour certains, ce sera difficile de rester en place, de se concentrer et d'évacuer les pensées parasites. Un jour viendra où vous sentirez clairement l'évolution et prendrez un réel plaisir à pratiquer.

Même le dalaï-lama a dû passer par là. Persévérez. Cet exercice permettra de ralentir le flot incessant de pensées inquiétantes qui habitent votre esprit en ce moment.

Pratiquez une fois tous les deux jours. Ce peut être à des heures différentes.

Prenez du *Rescue* fleurs de Bach

Ces élixirs floraux du nom du médecin anglais qui les composa, Edward Bach, à la fin du XIXe siècle, ont pour objectif d'harmoniser votre état d'esprit. Elles existent sous différentes formes : gouttes à avaler, petites pastilles à sucer, baume ou encore chewing-gum (évitez cette forme-là, nous verrons pourquoi un peu plus tard). Il existe plusieurs fleurs de Bach. Une seule de ces potions va attirer notre attention : le *Rescue*, le « sauvetage » en français.

En prise immédiate, le *Rescue* a pour objectif de contrecarrer les effets négatifs d'une émotion forte.

Tentez l'expérience dès que vous sentez votre angoisse monter. Le produit n'est pas cher. Cela vaut le coup d'essayer. Il existe, à mon sens, un seul danger à cette solution. Si vous ne comptez que sur ce produit et que vous êtes en rupture ou que vous ne le trouvez pas au fond de votre poche ou de votre sac, vous allez faire une crise d'angoisse.

Que ce soit bien clair : le *Rescue* doit être utilisé en complément et non comme solution unique à vos crises d'angoisse. Ce n'est pas parce que vous ne l'avez pas sur vous, comme un gri-gri, que vous devrez faire une crise !

Attention aux femmes enceintes et allaitantes ainsi qu'aux enfants. Bien lire la notice d'utilisation !

Soyez Amour

L'amour, à ses différents stades, des premiers émois aux ébats passionnés, stimule la production d'hormones du plaisir et du désir qui sont de puissants antidotes aux hormones du stress. Phényléthylamine, ocytocine, dopamine, endorphine, sérotonine, testostérone, phéromones, etc. se plient en quatre pour vous rendre heureux.

> ***Être amoureux, c'est aussi se sentir soutenu et oublier un peu ses crises d'angoisse.***

Il n'est pas seulement question, loin de là, de sexualité, de libido ou même de vie de couple. De manière générale, soyez dans l'amour et restez positif. Si vous êtes célibataire, rien ne vous empêche d'adopter ce comportement et d'en faire un mode de vie.

Si vos crises d'angoisse sont le résultat d'une séparation, sachez qu'être Amour signifie aussi faire le bien autour de soi, tout simplement.

Observez bien certains lamas tibétains qui portent sur leur visage serein l'amour de l'autre et la compassion. Le dalaï-lama semble incarner à lui seul cet amour de son prochain malgré les nombreux problèmes que rencontre son peuple. Ils ont un état d'esprit que nous devrions tous prendre en modèle. Lorsque l'on souffre, on ne pense plus qu'à nos tourments. C'est humain. Voyez maintenant le monde à l'envers. Vous avez mal, et pourtant, vous vous occupez du bien-être de ceux qui souffrent. Nous avons vu qu'il s'agissait avant tout de commencer par vous aimer, en éprouvant de la compassion pour tout votre être et toute votre âme. Rien ne vous empêche ensuite, très rapidement, d'être dans l'amour de l'autre.

Et un psy ?

C'est le conseil optionnel que j'évoquais plus tôt. Un psychothérapeute ou un psychiatre peut vous aider à dénouer une situation compliquée qui a engendré un tel stress que vous avez développé des crises d'angoisse et de panique.

Si vous pensez que seuls les fous les consultent, sachez que c'est loin d'être le cas. Parler à une tierce personne qui est à la fois neutre et étrangère me semble une bonne idée.

LE SAVIEZ-VOUS ?

La différence entre un psychiatre et un psychothérapeute ?

Le premier est médecin. Ses consultations sont donc remboursées par la Sécurité sociale. Il a la possibilité de vous délivrer des médicaments. La durée de l'entretien oscille entre 15 et 30 minutes. Le second a l'avantage d'avoir, en général, un panel très large de solutions non médicamenteuses. Ses consultations durent environ 1 heure mais ne sont pas remboursées.

Ne vous forcez pas à les consulter, mais si vous avez, comme je le pense, besoin de parler, n'hésitez pas.

Suivez une thérapie énergétique

C'est le moment de prêcher pour ma paroisse.

« Mais qu'est-ce que c'est que ce truc ? » me direz-vous. Si vous pratiquez une activité d'origine extrême-orientale ou indienne, vous savez déjà de quoi je parle. Pour les autres, je vais tenter une explication rapide et simple.

Nous possédons tous un corps énergétique, une sorte de fluide invisible, où circule le *qi*, l'énergie vitale. On retrouve ce terme dans le **qi** gong par exemple, dans le tai-**chi**-chuan ou encore dans l'aïkido. Le manque d'harmonie de ce corps énergétique est, selon la tradition de certaines cultures, à l'origine de nos défaillances physiques et psychiques. Travailler sur ce corps énergétique permet de retrouver l'équilibre, de prendre du recul par rapport aux événements stressants, et donc de retrouver progressivement un mieux-être.

La thérapie énergétique prend aussi en compte vos situations passées, présentes et futures, aussi bien sur le plan personnel que professionnel. Afin d'évacuer vos crises d'angoisse, le thérapeute doit savoir ce que vous avez vécu, pour travailler avec plus de précision.

Je commence toujours par effectuer deux séances à deux semaines d'intervalle. Ensuite, la personne me rappelle trois semaines après pour me donner des nouvelles et faire le point sur son état. Ce laps de temps lui permet également de pratiquer les exercices contenus dans ce livre.

EN RÉSUMÉ

Nous voici au terme de la quatrième étape, dont voici les six principales clés à retenir :

1. Tenez un journal intime. Tous les jours, inscrivez vos doutes, vos peurs et vos attentes sans tabous. Écrivez également vos joies et vos réussites.

2. Méditez. Tous les deux jours, pendant 15 minutes, accordez-vous ce moment de sérénité. En tailleur ou assis, concentrez-vous sans forcer sur votre souffle.

3. Prenez le *Rescue* fleurs de Bach. Préférez la version gouttes ou pastilles. À utiliser en complément des autres exercices. Le jour où vous l'avez oublié, ne vous inquiétez pas et appliquez les autres exercices.

4. Soyez Amour. Posez un regard positif et plein de compassion, d'empathie et d'amour sur vous-même et sur les gens qui croisent votre route. Un ciel gris peut être magnifique. Tout dépend de votre point de vue.

5. Consultez un psy. Si vous en ressentez le besoin, sautez le pas. Parler à une tierce personne étrangère qui ne vous jugera pas fait parfois du bien.

6. Suivez une thérapie énergétique. Pour vous permettre de prendre du recul, et de mieux comprendre pourquoi vous en êtes arrivé là, le thérapeute utilisera des concepts vieux de plusieurs milliers d'années dans la sérénité, l'écoute et la compassion pour votre bien-être.

CHAP. 8

ÉTAPE 5 : SE MÉFIER DES FAUX AMIS

« L'huître, elle aussi, a des ennemis. »

Alexis Tolstoï

Après avoir passé en revue les actions à tenir, il est temps maintenant de faire connaissance avec les faux amis, ces habitudes de vie qui semblent en apparence vous aider, mais qui en réalité aggravent votre état.

Vous prenez du plaisir en leur compagnie, mais ils sont nocifs pour vous. Évitez-les autant que possible durant toute la période où vous souffrirez d'angoisses, voire pour le restant de vos jours !

Nous allons commencer par le plus célèbre d'entre eux :

La cigarette

Je ne vais pas vous faire un long discours sur vos risques d'attraper un cancer. Ce n'est pas le but de ce livre.
En revanche, je peux vous affirmer que vous vous intoxiquez, et donc que vous ne favorisez pas votre guérison. Rappelez-vous le conseil sur vos habitudes alimentaires (voir page 69). La cigarette ronge votre corps et votre cerveau.
Vous sentez l'angoisse monter et vous allumez une cigarette en espérant la calmer. Raté. Vous êtes obligé de surventiler pour aspirer la fumée, ce qui entraîne un dérèglement de votre respiration naturelle. Votre cœur s'accélère… Vous connaissez la suite.
Vous asphyxiez en même temps vos bronches et vos poumons.
À ce stade, pour éviter d'ajouter un stress supplémentaire à vos crises d'angoisse, je ne vous demanderai pas d'arrêter de fumer, mais simplement de ne pas prendre de cigarettes lorsque vous vous sentirez mal, et encore moins pendant une crise de panique.

ATTENTION

Inutile de vous parler du cannabis, qui possède sans doute des vertus très intéressantes sous contrôle médical, mais certainement pas celle de vous aider à lutter contre vos crises d'angoisse. La schizophrénie fait partie des nombreuses suites possibles d'une consommation régulière ainsi qu'une surexcitation, pour n'en citer que deux. Cette plante aggravera votre situation.

L'alcool

Vous pourriez penser que la prise d'alcool, en vous relaxant et en vous déconnectant légèrement de la réalité, vous soulage. En réalité, vous fuyez une situation que vous retrouverez, ensuite, identique en tout point à ce qu'elle était avant, même si votre consommation est minime. Le grand danger est que vous deveniez dépendant de l'alcool.

Vous buvez un verre. Votre état de stress semble avoir diminué d'intensité. Les effets s'estompent. Vous en reprenez un, etc. Vous courez à votre perte.

Vous ne résolvez rien ainsi. Vous cachez vos angoisses comme un enfant qui, en posant les mains sur ses yeux, pense qu'on ne le voit pas.

Avec une surconsommation d'alcool, non seulement vos crises ne diminueront pas, mais en plus, vous vous exposerez à de graves soucis de santé.

Le chewing-gum

En tapant «chewing-gum stress» sur Google, vous tomberez sur de nombreux articles qui en vantent les qualités antistress.

En creusant, soit en lisant jusqu'au bout certaines études scientifiques, une chose est sûre : au mieux, personne n'est formel sur les effets positifs ou négatifs de la consommation de chewing-gum sur le stress, et encore moins sur les angoisses. Au pire, elles démontrent une augmentation du taux de cortisol, l'hormone du stress, en fonction de la nature des tâches qu'on effectue !*

Abstenez-vous de mâcher des chewing-gums. Ce n'est pas le moment de jouer les cobayes pour un marché qui rapporte cinq cents millions d'euros par an, seulement en France. Si vous prenez du plaisir à en mâcher, attendez de ne plus avoir de crises et restez raisonnable dans votre consommation.

Le sport à outrance

J'en ai déjà parlé, mais c'est un point important. Ne pratiquez pas une activité sportive pendant plus de 30 minutes par jour (voir page 81).

* «The Contrasting Physiological and Subjective Effects of Chewing gum on Social Stress», Coventry & Cardiff Universities. UK.

EN RÉSUMÉ

Retenez que les faux amis à éviter sont :

- **La cigarette.** Plutôt que d'avaler du poison, inspirez et expirez en toute conscience de l'air non pollué.
- **L'alcool.** Un verre de vin rouge le midi suffira amplement. Ne soyez pas dupé par la fausse impression de relâchement. À consommer avec modération !
- **Le chewing-gum.** Méfiez-vous de lui. N'en mâchez pas tant que vous serez angoissé.
- **Le sport à outrance.** Attendez un peu avant de sculpter ce corps de rêve. Ou modelez-le, mais par petites touches de 30 minutes.

CHAP. 9

ÉTAPE 6 : LA VIGILANCE APRÈS VOS CRISES

« Le prix de la liberté, c'est la vigilance éternelle. »
Thomas Jefferson

Vos crises d'angoisse ont disparu. Si ce n'est pas encore le cas, je vous promets une belle victoire si vous poursuivez avec ténacité et régularité le programme de cet ouvrage. Voyons donc ensemble comment appréhender la vie lorsqu'on a souffert de crises d'angoisse et de panique. Puis vous trouverez dans ce chapitre quelques derniers conseils pêle-mêle qui vous permettront d'avancer et de poursuivre votre chemin sereinement.

Ne baissez pas la garde

Tirez des leçons de cette période de votre existence très désagréable. Ne recommencez pas les mêmes erreurs.

Supprimez autant que possible les sources anxiogènes. Si c'est impossible, éloignez-vous des personnes toxiques, prenez du recul et ralentissez votre rythme de vie.

Lors d'un choc émotionnel important, comme un deuil ou une séparation, faites-vous aider par vos proches ou un psychologue. Évacuez d'une manière ou d'une autre le chagrin et l'angoisse. Écrivez vos peurs dans votre journal intime. Pratiquez les exercices que nous avons parcourus ensemble.

EN PRATIQUE

- **Pratiquez tous les jours l'exercice de cohérence cardiaque** (voir page 63).
- **Ayez une bonne hygiène de vie.** Du repos, une alimentation saine et un peu de sport sont parmi vos meilleurs alliés.
- **Soyez positif dans la vie.** C'est un entraînement permanent. Chassez de votre tête ces nuages gris qui font pleuvoir. Pensez plutôt, avec un large sourire aux lèvres, aux escargots qui se régalent. ...

- Pour la même raison, **entourez-vous de gens positifs.** Ne devenez pas le bureau des pleurs et des plaintes.
- Dès qu'une pensée stressante surgit, inscrivez-la dans votre journal intime.

Au début, vous serez obsédé par la peur qu'une crise refasse surface. À la différence de votre première alerte, vous savez maintenant ce qu'il faut faire pour l'enrayer. Les outils sont à votre disposition. Servez-vous-en immédiatement.

Soyez vigilant et raisonnable

De la même manière que si vous sortiez soulagé de chez votre dentiste et que vous vous précipitiez sur un paquet de bonbons, ne tombez pas dans l'excès. Si vous aviez perdu dix kilos, il ne serait pas raisonnable de manger tous les jours dans un fast-food. Vos crises sont terminées. Ne les nourrissez pas et tout se passera bien.

L'eau, une grande amie

Prenez tous les matins à jeun un grand verre d'eau tiède. Vous aurez pris soin de chauffer cette eau dans une bouilloire ou une casserole.

Tous les trois jours, ajoutez-y le jus d'un demi-citron biologique. Ce breuvage très simple, utilisé en médecine indienne ayurvédique, détoxifie le foie, siège des émotions.

LE SAVIEZ-VOUS ?

Vortexiser l'eau ?

Qu'est-ce que c'est que ce truc bizarre ? L'eau, naturellement, s'écoule en tourbillon et non de manière rectiligne. En lui appliquant un petit mouvement de rotation lorsque vous la versez depuis la carafe dans un verre, vous la redynamisez et l'oxygénez. « Vortexiser » l'eau consiste donc à lui redonner ce mouvement naturel de rotation. Il existe de petits appareils peu onéreux qui le font très bien. Tapez les mots « vortex eau » dans votre moteur de recherche préféré pour voir à quoi ça ressemble. Ensuite, si un magasin le vend autour de chez vous, je vous conseille d'aller le chercher.

Comment faire de l'eau une de vos meilleures alliées

Vous pouvez préalablement « informer » votre eau. De quoi s'agit-il ? Sur vos bouteilles d'eau minérale, ou votre carafe (filtrante, de préférence), ajoutez des mots positifs écrits avec un feutre, directement sur la bouteille ou sur une étiquette. Ajoutez des stickers qui représentent pour vous le bonheur. Petits cœurs, papillons, soleil, une photo de votre belle-mère… En ce qui me concerne, je filtre l'eau avec une carafe dont je n'ai pas le droit de citer la marque, puis je la transvase dans une Thermos qui magnétise l'eau et la « vortexise » afin de lui redonner ses propriétés naturelles. Sur cette carafe, j'ai apposé des mots au feutre : « Amour », « Joie », Sérénité », « Bonheur » et des autocollants (sans la photo de ma belle-mère. Qu'elle me pardonne !)

Exemple

Pourquoi dire ou écrire des mots doux à l'eau ? Un Japonais du nom de Masaru Emoto a étudié l'impact des mots, de la musique et des pensées sur l'eau. Il a ensuite photographié les formes que prenaient les cristaux d'eau une fois congelés. Il a démontré que, plus l'impact est positif, des mots d'amour par exemple, et plus la forme des cristaux est belle. L'inverse est aussi vrai. Lorsqu'il envoyait des messages de haine, les cristaux d'eau prenaient des formes très perturbées.

Retenez donc qu'il vaut mieux être gentil avec l'eau que vous buvez et… avec vous-même, puisque, je vous le rappelle, en fonction de son âge, le corps humain contient entre 62 % et 78 % d'eau ! Préférez-vous un corps empli de cristaux d'eau repoussants ou de véritables œuvres d'art ? À vous de jouer : montrez à l'eau combien vous l'aimez ! Si votre conjoint est jaloux, expliquez-lui. Vous trouverez des vidéos sur Internet. Voici le site officiel de cet homme : **www.masaru-emoto.net.**

Pour résumer, vous l'aurez compris, la qualité de l'eau a un impact sur vos états physique et émotionnel. En prêtant une attention particulière à son utilisation, vous vous renforcez.

La magie blanche ou noire d'Internet

J'adore Internet. Il me permet de communiquer plus rapidement, de m'instruire, de trouver des informations en un éclair, bref, c'est un excellent outil quand on le maîtrise et qu'on a conscience de ses limites.

En ce qui vous concerne, je vous déconseille de lancer une recherche sur les expressions «crises de panique» ou «crises d'angoisse». Vous trouverez des milliers de témoignages de personnes à travers le monde, où chacun y va de ses conseils avisés. Après une heure de lecture, vous serez au bord de la crise cardiaque, et vous n'aurez en fait rien retenu sinon que c'est très grave et que votre vie va devenir un enfer. Je vous rassure, vous pourriez taper le nom de n'importe quelle maladie ou symptôme, le résultat serait le même. Votre taux de stress va grimper.

Évitez cette tentation. Si vous êtes accro au Web, cherchez plutôt une petite vidéo sur la cohérence cardiaque. Vous pourrez respirer calmement en observant les vagues. Ce sera beaucoup plus productif.

Un peu de lecture

La Sérénité de l'instant de Thich Nhat Hanh

Voici un petit livre d'une grande richesse écrit par un des hommes les plus sages de notre temps. Thich Nhat Hanh est un moine maître zen qui a beaucoup œuvré pour la paix pendant la guerre du Vietnam. Martin Luther King aurait souhaité qu'il reçoive le prix Nobel de la paix. Il explique dans ce merveilleux ouvrage comment profiter de l'instant présent dans la vie de tous les jours. En ce qui concerne vos angoisses, en général, vous vivez en permanence dans la peur de ce qui va arriver. «Comment vais-je y aller ?», «Comment vais-je faire ?», etc. Vous projetez des situations qui n'existent pas encore. Ce livre va vous aider à profiter très facilement, dans les tâches quotidiennes, du moment présent.

Une méditation relaxante

Je vous entends me dire : « Encore une méditation, ras le bol. » Il existe en effet aujourd'hui un véritable effet de mode sur la méditation, qui peut rebuter certains lecteurs, à force d'en entendre parler. C'est dommage, car la méditation est un outil formidable pour se recentrer et se calmer, entre autres vertus. Si elle est aujourd'hui autant plébiscitée, ce n'est pas pour le plaisir de vous faire mal aux genoux, plié sur un coussin en regardant un mur pendant une heure. Vous allez voir que cette petite relaxation vous aidera à récupérer de vos crises et à mieux les surmonter.

En pratique

Vous pouvez la pratiquer assis ou allongé. Ne vous mettez pas martel en tête. Il ne s'agit pas de vous transformer en un véritable lama des montagnes en lévitation. Peu importe la posture ou le lieu. Le plus important est de la pratiquer régulièrement. Trois fois par semaine au minimum en cas de crises. Une fois seulement préventivement.
Je vous donne ci-dessous le texte. Soit vous vous imaginez la scène, soit vous vous enregistrez.

Gardez les yeux fermés.

Ma respiration est calme
Mon corps est détendu
Je suis debout dans un champ de blé doré
Légèrement vêtu
Les pieds nus
C'est l'été
Le ciel est bleu

La journée est magnifique
Une légère brise caresse mon visage et mes cheveux
Le soleil sur ma peau me réconforte
Mes mains effleurent les épis doux
Je regarde autour de moi
Je vois l'horizon de toute part
Aucune maison ni obstacle
Je suis seul, tranquille
Je marche dans ce champ
Je souris
Tout va bien
Je continue de marcher en comptant de 10 à 1
Je prends mon temps
10, 9, 8, 7, 6, 5, 4, 3, 2, 1
Je marche à présent sur un chemin de terre entre deux champs de blé
J'avance doucement en profitant de chaque instant
Les rayons du soleil caressent mon visage
Je regarde mes pieds
Le sol est aussi doux que le coton
Je redresse doucement la tête
J'aperçois devant moi l'entrée d'une forêt
Les arbres sont grands, beaux et robustes
Ils sont d'un vert très intense
J'entre dans la forêt
Le chemin s'élargit
Des arbres magnifiques bordent l'allée principale
Ils me protègent
Je suis en parfaite sécurité
Je me tiens bien droit
J'observe les fougères, les bruyères, les fleurs aux couleurs chatoyantes
Tout semble si beau
Mes pieds foulent la mousse
Je marche encore quelques mètres

J'arrive dans une belle clairière
Au centre se trouve un escalier à dix marches
En haut de l'escalier se trouve une porte fermée
Je commence à compter de 10 à 0
Il me reste dix marches à monter
Je pose le pied sur la première marche, 9
Je monte l'escalier
8, 7, 6, 5, 4, 3, 2, 1, 0
Je suis devant la porte
De l'autre côté se trouve mon refuge
Un lieu où je suis extrêmement bien
Je l'imagine
Une plage magnifique, la campagne verdoyante, la montagne enneigée, un lieu sorti de mon imagination, l'intérieur d'une habitation, peu importe. Je me laisse guider par mes désirs
Je pousse la porte
J'entre dans mon refuge
La porte se referme derrière moi
Je suis bien, tranquille, apaisé
Je me promène dans cet endroit que j'ai choisi
J'y reste quelques minutes
Mon esprit et mon corps sont apaisés
Je me dirige vers la porte
Je pourrai revenir quand je le souhaiterai
En empruntant le même chemin
J'ouvre la porte
Elle se referme derrière moi
Je descends les escaliers en comptant les marches de 1 à 10
1, 2, 3, 4, 5, 6, 7, 8, 9, 10
Je marche à présent sur la mousse
Je quitte la clairière
J'emprunte la belle allée
À quelques mètres j'aperçois la sortie de la forêt baignée de lumière
Je sors de la forêt

J'emprunte le chemin entre les champs de blé
Je quitte le chemin
Je suis à nouveau entouré d'épis dorés à perte de vue
Je compte doucement de 1 à 10 mentalement
1, 2, 3, 4, 5, 6, 7, 8, 9, 10
J'ouvre les yeux
Je suis bien, souriant et reposé.

Vous pourrez pratiquer cette petite méditation relaxante quand vous le souhaiterez. Au fil du temps, vous constaterez que vous arriverez dans votre refuge de plus en plus rapidement. Vous atteindrez ainsi un état de bien-être plus facilement et rapidement.

Un peu de musique

Voici quelques pistes musicales qui accompagneront agréablement votre méditation. J'utilise cette playlist à mon cabinet en séances :

- *108 Sacred Names of Mother Divine* de Craig Pruess & Ananda
- *Frequencies Sounds of Healing* de Jonathan Goldman
- *Indian Serenity* de Kiran Murti's group
- *Sacred Chants of Buddha* de Craig Pruess
- *Sacred Chants of Shiva* de Craig Pruess
- *The Lost Chord* de Jonathan Goldman
- *Crystal Bowls Chakra Chants* de Jonathan Goldman
- *Healing Music for Ayurveda* de Hariprasad Chaurasia
- *Dewa Che* de Dechen Shak-Dagsay
- *Zen Meditation* de Tony Scott
- *Maha Mrityunjaya Mantra* de Hein Braat

- Snatam Kaur
- Christopher Lloyd Clarke
- Liquid Mind

Votre renaissance

Félicitations ! Votre combat est à présent terminé, puisque vous l'avez gagné ou êtes très proche de la victoire.

Merci d'avoir suivi ce plan de bataille avec autant de rigueur et de motivation.

Vous avez dû combattre sans relâche un ennemi invisible très pervers dont vous connaissez maintenant tous les points faibles. Grâce à cet avantage indéniable, vous saurez immédiatement lui faire face en cas de besoin et réagir afin de le terrasser immédiatement.

Ce n'était pas facile, mais vous avez réussi grâce à votre envie de retrouver une vie « comme avant ».

Profitez de la vie et ouvrez les yeux. Rappelez-vous combien, il n'y a pas si longtemps, il vous était difficile de passer par cette rue, alors qu'aujourd'hui, vous la traversez avec le sourire, parfois même en ne comprenant pas comment elle a pu vous effrayer autant.

Puisse cette nouvelle vie pleine de joie être la vôtre durant de longues années.

Je vous souhaite une très belle renaissance !

ÉTAPE 1 Préparation	ÉTAPE 2 Urgence	ÉTAPE 3 Consolidation
▪ Faites confirmer le diagnostic chez le médecin. ▪ Soyez hypermotivé. ▪ Cherchez la cause de vos angoisses. ▪ Trouvez entre deux et cinq appuis. ▪ Acceptez vos symptômes.	▪ Insultez vos angoisses. ▪ Tenez-vous droit. ▪ Enracinez-vous tous les matins pendant 30 secondes. ▪ Effectuez la cohérence cardiaque trois fois par jour pendant 5 minutes. ▪ Reposez-vous. ▪ Soignez votre alimentation. ▪ Sortez de chez vous tous les jours.	▪ Faites du sport trois fois par semaine pendant 30 minutes. ▪ Écoutez un CD de relaxation dirigée tous les deux jours. ▪ Créez-vous un ancrage de bien-être. ▪ Trouvez la ou les causes de vos angoisses. ▪ Évitez la ou les sources du stress.
ÉTAPE 4 Autres outils	**ÉTAPE 5 Faux amis**	**ÉTAPE 6 Vigilance**
▪ Tenez un journal intime. ▪ Méditez 15 minutes tous les deux jours. ▪ Prenez le *Rescue* fleurs de Bach. ▪ Soyez Amour. ▪ Consultez un psy. ▪ Consultez un thérapeute énergétique.	▪ Cigarette ▪ Alcool ▪ Chewing-gum ▪ Sport à outrance	▪ Pratiquez la cohérence cardiaque tous les jours. ▪ Écoutez un CD de relaxation dirigée une fois par semaine. ▪ Faites du sport 30 min. une fois par semaine minimum. ▪ Ayez une bonne alimentation. ▪ Évitez le surmenage. ▪ Soyez Amour. ▪ Tenez un journal intime. ▪ Riez ! ▪ Méditez si ça vous plaît.

C'EST FINI LES SOUCIS, C'EST PARTI L'HARMONIE !

Dépôt légal : avril 2016
Achevé d'imprimer par Aubin Imprimeur en avril 2016
N° d'impression : 1602.0306
Imprimé en France